JN025763

英語発信ジェネレーター

瞬時に話して書くための
トレーニングブック

岩村圭南 著

ジェネレーター

研究社

はじめに

英語を生業とし、長年にわたり「生きた英語」に触れてきた。今でも英語を聞き、話し、読み、書く度に新たな気付き（発見）がある。それを分析、整理、分類し一冊にまとめたのが本書『英語発信ジェネレーター』である。

ジェネレーター (generators)。それは**「英文を効率よく生み出すための表現パターン」**。日頃何気なく使っている英語の中に応用できる表現が数多く存在している。その活用法をトレーニングしながら身につければ、英語の表現力・発信力が飛躍的に向上するだろう。

Part 1「英語の基本は自動詞」〜Part 10「使える語彙を増やす」で、新たな発見をしながらジェネレーターが体得できるように、身近な話題に関連した英文（言えそうで言えない英語、実際の場面で役立つ英語など）を数多く取り上げている。付属の音声をダウンロードし、音読やオーバーラッピングを基本とした筋トレを繰り返せば、実際の場面で使える英語力が確実に身についていく。

練習量と英語力アップの度合いは比例している。それを忘れずに英語の筋トレに励んでほしい。

本書が読者の皆さんの英語表現力および発信力を高める一助となれば幸いである。

2020 年 7 月

岩 村 圭 南

本書を読み進める前に──ジェネレーターとは

「英文を効率よく生み出すための表現パターン（表現や文型を応用するコツ・ちょっとした知識）」。これがジェネレーター（generator＝「生み出す力」）である。

例えば、Let's go Chinese.「中華を食べに行こう」。この表現を知っていれば、フレンチなら Let's go French.、和食なら Let's go Japanese. と言い換えられる。これは「go＋形容詞」を応用している。

別の例を挙げてみよう。「練習すれば英語は上達する」。これを英語で言おうとすると、日本人学習者の多くは次のように訳す傾向がある。

You can improve your English if you practice.

この英文を人以外の主語を使って言い換えると…。

（　　　）English（　　　）with practice.

カバーにも出ている英文である。カッコに入るのは Better と comes. ここでは 2 つのジェネレーターが使われている。

(1) 無生物を主語にする。
(2) 自動詞を使う。

これで少ない語数で簡潔に表現できる。この言い方のほうがより強い印象を与えられるだろう。

ジェネレーターには、文型・構文を活用するもの、すでに知っている単語やフレーズの意味を広げるもの、さらに新しい語彙を生み出すものなどがある。

このようなジェネレーターを、練習を繰り返しながら身につ

け、英語の表現の幅を広げ、発信力を高め、英語らしいこなれた言い回しができるようにする。これが本書の目的である。

　また本書では、もう一つのテーマとして、日本人が意外に使いこなせていない自動詞にも焦点を当てている。ネイティブスピーカーが日常生活の中で頻繁に用いている自動詞は、表現の幅を広げるためには欠かせない！

本書の使い方

　和文英訳を繰り返して、ジェネレーターを身につけよう。

　1ユニットが4ページで構成され、その中で2つのジェネレーターを取り上げる。❶

　まず、ポイントとなるジェネレーターがどのようなものか、端的にわかる例文を解説と共に見る。❷

　次に、和文を英訳。❸

　穴埋め文を参考に考える。❹

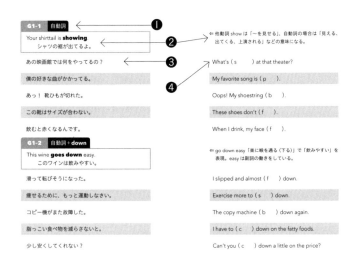

G1-1 自動詞 ← ❶

Your shirttail is **showing**. ← ❷
　シャツの裾が出てるよ。

⇐ 他動詞 show は「〜を見せる」、自動詞の場合は「見える、出てくる、上演される」などの意味になる。

あの映画館では何をやってるの？ ← ❸　What's (s　　) at that theater?

僕の好きな曲がかかってる。 ← ❹　My favorite song is (p　　).

あっ！ 靴ひもが切れた。　Oops! My shoestring (b　　).

この靴はサイズが合わない。　These shoes don't (f　　).

飲むと赤くなるんだよ。　When I drink, my face (f　　).

G1-2 自動詞 + down

This wine **goes down** easy.
　このワインは飲みやすい。

⇐ go down easy「楽に喉を通る（下る）」で「飲みやすい」を表現。easy は副詞の働きをしている。

滑って転びそうになった。　I slipped and almost (f　　) down.

痩せるために、もっと運動しなさい。　Exercise more to (s　　) down.

コピー機がまた故障した。　The copy machine (b　　) down again.

脂っこい食べ物を減らさないと。　I have to (c　　) down on the fatty foods.

少し安くしてくれない？　Can't you (c　　) down a little on the price?

穴埋め文のページをめくり、正解の英訳をチェック。原則としてジェネレーターに関わる部分を太字にしてある。❺

　ジェネレーターを使う際のポイントを確認する。❻

　もう一度、和文に戻って英訳にトライ。二度目は、穴埋め文を見ずに英語で言ってみよう。

　仕上げは、英語の筋トレ！ 英語を話す口の筋肉を鍛えるために、英文を音読した後、音声を聞きながらオーバーラッピング（同時に英文を音読）。さらに、英文を繰り返し書き、指先から覚える。

　この手順で英訳と筋トレを繰り返し、ジェネレーターを体得しよう。

　ユニットの3ページめ（GENERATE MORE!）は、ジェネレーターの活用例である。この英文にも音声がついているので、オーバーラッピングするといいだろう。❼

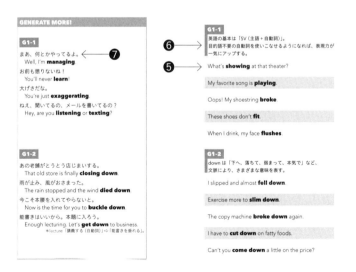

GENERATE MORE!

G1-1

まあ、何とかやってるよ。 ❼
Well, I'm **managing**.
お前も懲りないね！
You'll never **learn**!
大げさだな。
You're just **exaggerating**.
ねえ、聞いてるの、メールを書いてるの？
Hey, are you **listening** or **texting**?

G1-2

あの老舗がとうとう店じまいする。
That old store is finally **closing down**.
雨が止み、風がおさまった。
The rain stopped and the wind **died down**.
今こそ本腰を入れてやらないと。
Now is the time for you to **buckle down**.
能書きはいいから。本題に入ろう。
Enough lecturing. Let's **get down** to business.
＊lecture「講義する（自動詞）」⇨「能書きを垂れる」。

G1-1 ❻
英語の基本は「SV（主語＋自動詞）」。
目的語不要の自動詞を使いこなせるようになれば、表現力が一気にアップする。

❺ What's **showing** at that theater?

My favorite song is **playing**.

Oops! My shoestring **broke**.

These shoes don't **fit**.

When I drink, my face **flushes**.

G1-2
down は「下へ、落ちて、弱まって、本気で」など、文脈により、さまざまな意味を表す。

I slipped and almost **fell down**.

Exercise more to **slim down**.

The copy machine **broke down** again.

I have to **cut down** on fatty foods.

Can't you **come down** a little on the price?

各パートの間にあるコラムでは、あなたの英語に磨きをかける
ためのジェネレーター以外の表現法を解説している。あわせて参
考にしてほしい。❽

❽ ⟶

困った時のコミュニケーター

言葉に詰まった時のつなぎの言葉。それがコミュニ
ケーター（**communicators**）。覚えておくと重宝す
る代表的な言い回しを紹介しよう。

えーと…。
　Um ... / Well a ... / I mean a ... / Let me see ...
ちょっと待って。
　Just a sec(ond). / Hold on.
もう一度言って。
　Pardon (me)? / I beg your pardon?
すみませんがもう一度。
　Sorry?
言葉が出てこない。
　It's on the tip of my tongue.
相応しい言葉が出てこない。
　I can't come up with the right expression.
直訳すると…。
　Translating it word for word, you get ...
簡単に言うと…。
　Simply put, ...
そういう意味ではないんです。
　I didn't mean it (to come out) that way.
基本的な質問になりますが…。
　This is a very basic question, but ...

目　次

音声について

　本書の音声 (MP3) は、研究社ウェブサイト (http://www.kenkyusha.co.jp/) に以下の手順でアクセスすればご利用できます。

　まず、研究社ウェブサイトのトップページより「音声各種資料ダウンロード」にアクセスし、一覧の中から「英語発信ジェネレーター」を選んでください。

　【ダウンロードする場合】
　(1) 上記ページで「ダウンロード」のボタンをクリックすると、ユーザー名とパスワードの入力が求められますので、以下のように入力してください。

　　　ユーザー名：guest

　　　パスワード：GeneDownload

　(2) ユーザー名とパスワードが正しく入力されると、ファイルのダウンロードが始まります。PC でダウンロード完了後、解凍してご利用ください。

　【ウェブ上で聞く場合】
　(1) 上記ページで「音声を聞く」のボタンをクリックすると、ユーザー名とパスワードの入力が求められますので、以下のように入力してください。

　　　ユーザー名：guest

　　　パスワード：GeneDownload

　(2) 音声用のページが開きますので、聞きたい箇所のボタンを押してください。

　音声ファイルには G1-1〜G10-8 までのジェネレーターおよびコラムの例文が収録されています。音声はナチュラルスピードの

標準的なアメリカ英語。これを活用して英語の筋トレをしましょう。

　聞くためには聞く、話すためには話す練習をする必要があります。まず、繰り返し聞いて、英語を聞き取る耳の筋肉を鍛えましょう。次に、話すための筋トレ。その基本となるのが音読。音声をまねて実際に話しているつもりで声に出して言ってください。さらに、テキストを見ながら音声に被せるようにして同時に音読（オーバーラッピング）してみましょう。

　Practice will never let you down.「練習は決してあなたを裏切らない」。練習すればするほど、英語の筋肉が鍛えられ、使える英語力が身についていきます。

※スマートフォンやタブレット端末で直接ダウンロードされる場合は、解凍ツールと十分な容量が必要です。Android 端末でダウンロードした場合は、ご自身で解凍用アプリなどをご用意いただく必要があります。

※パソコンでダウンロードして、スマートフォンなどへ転送することもできます。音声ファイルの転送の仕方につきましては、スマートフォンなどの取扱説明書をご覧くださるようお願い申し上げます。

※なお、ご使用の機器によっては、音声がうまく再生されない場合もございます。あらかじめご了承ください。

[ナレーション]
Greg Dale
Julia Yermakov

英語発信ジェネレーター
瞬時に話して書くためのトレーニングブック

I　ネイティブの基本感覚

PART 1

英語の基本は自動詞

G1-1　自動詞

Your shirttail is **showing**.
　　シャツの裾が出てるよ。

あの映画館では何をやってるの？

僕の好きな曲がかかってる。

あっ！　靴ひもが切れた。

この靴はサイズが合わない。

飲むと赤くなるんです。

G1-2　自動詞＋down

This wine **goes down** easy.
　　このワインは飲みやすい。

滑って転びそうになった。

痩せるために、もっと運動しなさい。

コピー機がまた故障した。

脂っこい食べ物を減らさないと。

少し安くしてくれない？

← 他動詞 show は「〜を見せる」、自動詞の場合は「見える、出てくる、上演される」などの意味になる。

What's (s   ) at that theater?

My favorite song is (p   ).

Oops! My shoestring (b   ).

These shoes don't (f   ).

When I drink, my face (f   ).

← go down easy「楽に喉を通る（下る）」で「飲みやすい」を表現。easy は副詞の働きをしている。

I slipped and almost (f   ) down.

Exercise more to (s   ) down.

The copy machine (b   ) down again.

I have to (c   ) down on the fatty foods.

Can't you (c   ) down a little on the price?

G1-1

まあ、何とかやってるよ。
　Well, I'm **managing**.

お前も懲りないね！
　You'll never **learn**!

大げさだな。
　You're just **exaggerating**.

ねえ、聞いてるの、メールを書いてるの？
　Hey, are you **listening** or **texting**?

G1-2

あの老舗がとうとう店じまいする。
　That old store is finally **closing down**.

雨が止み、風がおさまった。
　The rain stopped and the wind **died down**.

今こそ本腰を入れてやらないと。
　Now is the time for you to **buckle down**.

能書きはいいから。本題に入ろう。
　Enough lecturing. Let's **get down** to business.
　　　＊lecture「講義する（自動詞）」⇨「能書きを垂れる」。

英語の基本は「SV（主語＋自動詞）」。
目的語不要の自動詞を使いこなせるようになれば、表現力が
一気にアップする。

What's **showing** at that theater?

My favorite song is **playing**.

Oops! My shoestring **broke**.

These shoes don't **fit**.

When I drink, my face **flushes**.

down は「下へ、落ちて、弱まって、本気で」など、
文脈により、さまざまな意味を表す。

I slipped and almost **fell down**.

Exercise more to **slim down**.

The copy machine **broke down** again.

I have to **cut down** on fatty foods.

Can't you **come down** a little on the price?

Everything will **turn out** nicely.
　　すべて丸く収まるよ。

今日は何をやってもうまく行かないみたい。

彼女は人込みの中で目立つ。

バレやしないって。

ガス欠になりそうだ。

このシャツはまだ乾いていない。

You're quick to **pick up** on things.
　　君は飲み込みが早いね。

ねえ、ねえ、ねえ。ちょっと聞いて。

ここはいつも並んでるね。

彼女は来ないと思うよ。

そのパック旅行に申し込んだ。

本番になるといつも緊張する。

← ここでの out は「現れる」の意味。nicely の代わりに well
　も使える。

Nothing seems to (w 　) out today.

She (s 　) out in a crowd.

This will never (g 　) out.

We're (r 　) out of gas.

This shirt hasn't (d 　) out yet.

← pick up on「〜を理解する」。「飲み込みが早い」を be quick
　to pick up on things「物事を理解するのが早い」で表現。

Hey, hey, hey. (L 　) up a second.

People are always (l 　) up here.

I don't think she will (s 　) up.

We (s 　) up for the package tour.

I always (f 　) up when I'm put on the spot.

G1-3

彼ったらデートをドタキャンしたのよ。
He **backed out** of our date at the last minute.

一晩中飲み明かした。
We **stayed out** drinking all night.

その時以来、彼女の愛情は冷めてしまった。
Her affection has **died out** since then.

今夜は外食しよう。
Let's **eat out** tonight.

G1-4

仕事でしくじっちゃってさ。
I **messed up** on the job.

彼は元気でやってるかな。
I wonder how he's **holding up**.

その映画、派手な宣伝通りだった？
Did the movie **live up** to the hype?

あっ！ 両足がつった。
Ow! Both of my legs have **cramped up**.

out は「外へ」だけではなく、「現れる、尽きる、すっかり」
などの意味を表す。

Nothing seems to **work out** today.

She **stands out** in a crowd.

This will never **get out**.

We're **running out** of gas.

This shirt hasn't **dried out** yet.

up「上へ」には「こちらへ、完全に」という意味もある。

Hey, hey, hey. **Listen up** a second.

People are always **lining up** here.

I don't think she will **show up**.

We **signed up** for the package tour.

I always **freeze up** when I'm put on the spot.

She **photographs well**.
　　彼女は写真うつりがいい。

彼女の最新作はよく売れている。

この包丁はよく切れる。

このボールペンは書き味がいい。

この歴史の本は楽しく読める。

君のスポーツカーは乗り心地がいいね。

My shoulders **feel stiff**.
　　肩が凝る。

胃が重い (もたれる)。

顔が火照る。

あー、日差しが暖かい。

今日は空気が湿っぽい。

この革のジャケットは触り心地が柔らかいね。

⇐ photograph「写真（名詞）」が「写真にうつる」という意味の自動詞に！「写真うつりが悪い」は、否定文にするか、wellの代わりに badly を使う。

Her latest novel is (s　　) well.

This kitchen knife (c　　) well.

This ballpoint pen (w　　) well.

This history book (r　　) well.

Your sports car (r　　) well.

⇐ 主語が My shoulders になっている点に注目。feel stiff「凝りを感じる」で「凝る」。My shoulders are stiffening up. とも言える。

My stomach feels (h　　).

My face feels (h　　).

Ahh, the sun feels (w　　).

The air feels (d　　) today.

This leather jacket feels (s　　).

G1-5

水の出がよくないな。
　The water isn't **flowing well**.

近頃、彼はかなり羽振りがよさそうだね。
　Lately he looks like he's **doing** quite **well**.

君の声は本当によく通るね。
　Your voice **carries** really **well**.

よかれと思ってやったのに。
　We **meant well**.

G1-6

テーブルが少しぐらつくね。
　The table **feels** a little **unstable**.

寒い夜は熱いお風呂に限る。
　A hot bath **feels wonderful** on a cold night.

このワインは口当たりがいい。
　This wine **feels good** on the tongue.

いい汗をかくのはとても気持ちがいい。
　It **feels** so **good** to work up a good sweat.

知っておくべき「自動詞＋well」の応用範囲の広さ。
使い方をぜひ覚えてほしい。

Her latest novel is **selling well**.

This kitchen knife **cuts well**.

This ballpoint pen **writes well**.

This history book **reads well**.

Your sports car **rides well**.

無生物を主語にして feel を使う。
体の一部も主語にできる。

My stomach **feels heavy**.

My face **feels hot**.

Ahh, the sun **feels warm**.

The air **feels damp** today.

This leather jacket **feels soft**.

Let's **go French** tonight, shall we?
　　今夜はフレンチにしようよ。

これ腐ってる。臭いでわかる。

おいおい！　タイヤがぺちゃんこだ（パンク）。

このコーラ、気が抜けちゃってる。

中華なら間違いないよ（はずれはない）。

塩分を控えめにした方がいい。

The best part is just **coming up**.
　　面白いのはまさにこれからだよ。

ここからが最高の打順（野球）。

今週末は 3 連休だね。

今後どうなるのかわからない。

この次の角を曲がる時は気をつけて。

エスプレッソ一つ、ただいまお持ちします！

⇐ go (and) have French food を go French 二語で表現。
　 go Japanese (和食)、go Chinese (中華) と応用可能。

This has gone (b　　). Smell it and see.

Oh, no! The tire has gone (f　　).

This coke has gone (f　　).

You can't go (w　　) with Chinese food.

You'd better go (e　　) on the salt.

⇐ ing 形にしている点に注目。強調するために、just や right
　 を付け足す場合もある。

Our best (b　　) are coming up.

There's a (t　　) weekend coming up.

I have no idea what's coming up (n　　).

Be careful as you make (t　　) turn coming up.

One espresso coming (r　　) up!

17

GENERATE MORE!

G1-7

彼らの抗議は無視された。
　　Their protest **went unheard**.

彼とは付き合ってない。
　　I'm not **going steady** with him.

麺がのびちゃってるよ。
　　These noodles have **gone soggy**.

声がかれそう。
　　My voice is just about to **go hoarse**.

G1-8

もうすぐ料金所だよ。
　　A toll gate's **coming up**.

納期が迫っている。
　　The delivery deadline is **coming up**.

そろそろ忘年会の季節だね。
　　The season for year-end parties is **coming up**.

これからいくつか会議があるんだ。
　　I've got a couple of meetings **coming up**.

18

go + 形容詞が状態の変化を表す時は、否定的な文脈が多い。

This has **gone bad**. Smell it and see.

＊「腐る」は go bad / rotten / rancid などで表現。

Oh, no! The tire has **gone flat**.

This coke has **gone flat**.

You can't **go wrong** with Chinese food.

You'd better **go easy** on the salt.

自動詞 + up を使った表現の一つ、come up「やって来る、近づく」はさまざまな場面で使える。

Our best batters are **coming up**.

There's a three-day weekend **coming up**.

I have no idea what's **coming up** next.

Be careful as you make this turn **coming up**.

One espresso **coming right up**!

Good は表現上手

　「〜上手」は **good** で表現。「聞き上手」は **a good listener,**「買い物上手」は **a good shopper,**「料理上手」は **a good cook** など。

　good と人以外の名詞の組み合わせなら、「楽しい時」**a good time,**「好機」**a good chance,**「ちゃんとした理由」**a good reason,**「うまい言い訳」**a good excuse** など。

　ここで穴埋めにトライ！ **good** の後に来る名詞を考えてみよう。

① 彼は頑張ったよ。
　　He did a good (j 　　　).

② この本は読んで楽しい。
　　This book is a good (r 　　　).

③ 彼は人を見る目がある。
　　He's a good (j 　　　) of character.

④ もちろん、これはいい意味で言ってるんだよ。
　　Of course, I mean it in a good (w 　　　).

⑤ 家に帰って思い切り泣いた。
　　I went home and had a good (c 　　　).

⑥ ここのランチセットってお得感がある。
　　This lunch set is a good (d 　　　).

⑦ 有能な人はいずれ頭角を現す。
　　You can't keep a good (m 　　　) down.

⑧ 今夜はこのへんでお開きにしましょう。
　　This seems like a good (t 　　　) to call it a night.

《解答》 ① job ② read ③ judge ④ way ⑤ cry ⑥ deal ⑦ man
⑧ time

PART 2

英語らしい表現

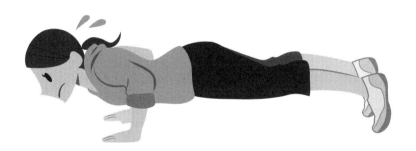

Could you **do the ironing**, please?
　　アイロンをかけてもらえるかな？

君は掃除をして。僕はお皿を洗うから。

料理に掃除、洗濯をしないと。

時々彼女の代わりに買い物をする。

奇数番号の問題を解いてください。

計算をすればいいんだよ、答えを知りたければ。

Let me **do some thinking** about it.
　　それについて少し考えさせて。

運動前と後にストレッチしなさい。

大掃除の時期ね。

今月は節約しないと。

妥協することを覚えたらいい。

真剣に試験勉強をしたよ。

⇐ do the iron とは言わない。ironing を使う。

You do the cleaning. I'll do the (d   ).

I have to cook, clean and do the (l   ).

Sometimes I do the (s   ) instead of her.

Do the (o   )-numbered problems.

Just do the (m   ) if you want to know the answer.

⇐ do some thinking about 〜 で give some thought to 〜「(少
し) 〜を検討する」の意味になる。

Do some (s   ) before and after exercise.

It's time to do some major house (c   ).

We've got to do some (e   ) this month.

You should learn to do some (c   ).

I did some (i   ) studying for the exam.

G2-1

全部やりなおさなくてもいいよ。
　　You don't have to **do the whole thing** over again.

お疲れさま、後はやっておくから。
　　Just take it easy, and I'll **do the rest**.

じゃあ、飾り付けは一緒にやりましょう。
　　OK, let's **do the decoration** together.

背泳ぎをすると、いつも水を飲んじゃうんだ。
　　I always swallow water when I **do the backstroke**.

G2-2

今夜はパーティーをしよう。
　　Let's **do some partying** tonight.

毎朝、速歩する。
　　I **do some** brisk **walking** every morning.

子供たちは昆虫採集をしたことがなかった。
　　The kids have never **done any bug hunting**.

彼らは毎日のように遠隔会議を開く。
　　They **do some teleconferencing** almost every day.

do the ～ は日本語の「～する」と同じような感覚で使える表現。

You **do the cleaning**. I'll **do the dishes**.

I have to cook, clean and **do the laundry**.

Sometimes I **do the shopping** instead of her.

Do the odd-numbered **problems**.

Just **do the math** if you want to know the answer.

do some ～ing は「ちょっとやる、ひとつやってみる」といったニュアンスになる。

Do some stretching before and after exercise.

It's time to **do some** major house **cleaning**.

We've got to **do some economizing** this month.

You should learn to **do some compromising**.

I **did some** intensive **studying** for the exam.

This car **needs some fixing**.
　　この車は修理が必要だね。

ちょっとこれを手伝って。

何かいい知恵はないものか。

少し頭の中を整理させて。

少しはやる気を出しなさい。

少し休んだらどうだ。

They say failure teaches success.
　　失敗は成功のもとって言うだろう。

彼は課長に昇進するそうだ。

2時間待ちですって。

インフルエンザが流行っているそうだ。

急いては事を仕損じるって言うだろう。

何事もほどほどにね。

⇐ need some fixing「(少し) 修理が必要である」。fixing (動名詞) の代わりに repairs も使用可能。

I need some (h   ) with this.

I need some good (a   ).

I need some time to (o   ) my thoughts.

You need some (m   ).

You need some time (o   ).

⇐ ここでの they は漠然と「世間の人々」を指す。

They say he's getting (p   ) to section chief.

They say there'll be a two-hour (w   ).

They say the (f   ) is going around.

They say haste makes (w   ).

They say everything in (m   ).

27

G2-3

少し現金が必要なんだ。
I **need some cash**.

花に水をやらないと。
The flowers **need some water**.

このお笑い芸人にはもっといいネタが必要だね。
This comedian **needs some better material**.

家具を動かすのに、力のある人に来てもらわないと。
We need **some strong hands** to move the furniture.

G2-4

弱い犬ほどよく吠えるんだよ。
They say barking dogs seldom bite.

知らぬが仏と言うことか。
They say ignorance is bliss.

能ある鷹は爪を隠すんだな。
They say still waters run deep.

為せば成るって言うじゃないか。
They say your efforts will always pay off.

G2-3

need some「ちょっと／少し必要」の後にはさまざま名詞表現が使える。

I **need some help** with this.

I **need some good advice**.

I **need some time** to organize my thoughts.

You **need some motivation**.

You **need some time off**.

G2-4

They say 〜 は「〜だそうだ、〜という話だ」に当たる言い回し。

They say he's getting promoted to section chief.

They say there'll be a two-hour wait.

They say the flu is going around.

They say haste makes waste.

They say everything in moderation.

My smartphone display says a call came in.
　　スマホに着信ありと出てる。

天気予報では雪が降るって。

宛先不明になってる。

外見で人柄がよくわかる。

その表情で何が言いたいのかすべてわかるよ。

壁の時計は9時30分を指している。

G2-6　give 〜 a＋名詞

You never know until you **give it a try**.
　　やってみなけりゃわからない。

たまには電話くらいしなさいよ。

勘弁してよ！　本気じゃないよね。

よかったら、車に乗せて行くよ。

ドアを押してちゃんと閉まってるか確認して。

なるべく返事をしてよ。

⇐「表示する」のような視覚的な場合も say が使える。

The weather report says it's going to (s   ).

It says the address is (u   ).

(A   ) says a lot about a person.

That (l   ) on your face says it all.

The (c   ) on the wall says it's 9:30.

⇐ try を動詞として使うよりもさらに強く急かす意味合いがある。

Give me a (c   ) once in a while.

Give me a (b   )! You can't be serious.

I can give you a (r   ) if you want.

Give the door a (p   ) to make sure it closes.

Do what you can to give me an (a   ).

31

G2-5

ここは駐車禁止と書いてある。
   It says you can't park here.

ただ今お立ち見だって。
   It says "Standing Room Only."

お一人様一つ限りなのか。
   It says there's only one to a customer.

この温泉はリューマチに効くんですって。
   It says this hot spring is good for rheumatism.

G2-6

彼女は僕たちを見て嫌な顔をした。
   She **gave us a nasty look**.

それでは、皆さん、盛大な拍手をお願いします。
   All right, everybody, let's **give him a big hand**.

ああ、あのことね。気にしなくていいよ。
   Oh, that. Don't **give it another thought**.

応援してる。全力で頑張って。
   We're rooting for you. **Give it your all**.

say には「言う」の他に「表示する、書いてある、伝える」などの意味がある。

The weather report says it's going to snow.

It says the address is unknown.

Appearance says a lot about a person.

That look on your face **says** it all.

The clock on the wall **says** it's 9:30.

文脈により、名詞の前に形容詞をつけたり、a の代わりに another などを使う場合もある。

Give me a call once in a while.

Give me a break! You can't be serious.

I can **give you a ride** if you want.

Give the door a push to make sure it closes.

Do what you can to **give me an answer**.

What a professional!
　さすがプロだね！

ほっとした！

面倒くさい！

残念だね！

すごい人込みだな！

きつい仕事だね！

What started this fight?
　喧嘩の原因は何？

その事故の原因は？

どうしてそんなことを言うの？

今日はどうしてここに？

どうしてこの分野に興味を持ったのですか？

どういうきっかけで二人は出会ったの？

34

⇐ What a professional の後に he/she is などが略されている。

What a (r   ) !

What a (b   ) / (h   ) !

What a (s   ) !

What a (c   ) !

What a (t   ) job!

⇐ What started ～「何が発端になったのか」で喧嘩のきっか
け（原因）を聞いている。

What (c   ) the accident?

What (m   ) you say that?

What (b   ) you here today?

What (g   ) you interested in this field?

What (g   ) you two the occasion to meet?

What a ～ がどのような場面で、どのように使われるのかを体験。場面をイメージしながら、次のモノローグを音読してみよう。

① My smartphone is gone. Where did I put it? Oops! Here it is in my back pocket. Whew, **what a relief!**
スマホがないぞ。どこに置いたんだっけ？　あっ！
後ろのポケットに入ってる。ふーっ、よかった。

② **What a crowd!** Is there some kind of event going on? Oh, I see. They're holding an outdoor concert.
すごい人込みだな！　何かイベントでもあるのかな？
ああ、そうか。野外コンサートをやってるのか。

GENERATE MORE!

G2-8

これは何で動くの？（動力）
　What powers this thing?

どうして僕が彼女を好きだと思うの？
　What makes you think I like her?

そんなに若くいられる秘訣は？
　What keeps you so young?

何がもっと頑張ろうという気にさせるんですか？
　What motivates you to work harder?

日常会話では「What a + 名詞」の言い回しが頻繁に使われる。

What a relief!

What a bother / hassle!

What a shame!

What a crowd!

What a tough job!

What（無生物主語）とさまざまな動詞の組み合わせに注目！

What caused the accident?

What makes you say that?

What brings you here today?

What got you interested in this field?

What gave you two the occasion to meet?

Looking makes me want to buy.
　　見ると欲しくなる。

それを聞いてほっとしました。

人前で話すと緊張する。

寝過ぎると余計に眠くなる。

それを考えただけでぞっとする。

買い物をすると時間を忘れる。

Monday gives me the blues.
　　月曜日は憂鬱だ。

これって幸せな気分になる音楽だね。

髪を短くしてイメチェンだね。

花粉症で鼻が詰まって目が痒い。

ちょっと体を動かしただけで筋肉痛になった。

彼の行動ってあれって思うことがある。

⇐ Looking makes me ～ で If I look at things, I want to buy them. と同じような意味になる。

That makes me feel (r   ).

Public speaking makes me (n   ).

Oversleeping makes you (u   ) sleepy.

Just thinking about it makes me (s   ).

Shopping makes me (l   ) track of the time.

⇐ 主語に Monday、動詞に give を使う。いかにも英語らしい言い回し！

This music gives me a feeling of (h   ).

That short hairstyle gives you a new (l   ).

Hay fever gives me a (s   ) nose and itchy eyes.

The slightest bit of exercise gave me (s   ) muscles.

The way he acts gives me (p   ).

G2-9

プレッシャーがかかるとイライラする。
  Pressure makes me edgy.

この写真、5歳は若く見えるね。
  This photo makes you look five years younger.

海外旅行をすると日本食が恋しくなる。
  Traveling abroad makes you love Japanese food.

声を聞いたら会いたくなってきた。
  Hearing your voice makes me want to see you.

G2-10

海外旅行するのはとても楽しい。
  Traveling abroad gives me great pleasure.

それを考えると虚しい。
  Thinking about it gives me an empty feeling.

ここで働けてとても満足しています。
  Working here gives me a lot of satisfaction.

君に僕を責める資格があるのか？
  What gives you the right to blame me?

無生物主語＋make で原因を簡潔に表現できる。

That makes me feel relieved.

Public speaking makes me nervous.

Oversleeping makes you unexpectedly sleepy.

Just thinking about it makes me shudder.

Shopping makes me lose track of time.

give には「生み出す、もたらす」という意味もある。

This music gives me a feeling of happiness.

That short hairstyle gives you a new look.

Hay fever gives me a stuffy nose and itchy eyes.

The slightest bit of exercise gave me sore muscles.

The way he acts **gives** me pause.

＊give 〜 pause「ためらわせる」。

II　シンプルなパターンを徹底活用

PART 3

英語便利表現

I feel like I **have a fever**.
熱があるみたい。

少し咳が出て、喉が痛む。

肘に擦り傷があるね。

うちの子っていつも鼻垂らしてるみたい。

そのかさぶたを取らないで。傷跡が残るよ。

彼は背中にひどい火傷を負った。

That'll **make a nice change**.
それはいい気分転換になるね。

彼女はいい女優になる。

きっとあの二人はお似合いのカップルになるよ。

そこは素晴らしい温泉リゾートになる。

このおもちゃはお子様へのいいお土産になりますよ。

夕食としてはこれで十分。

← fever の代わりに temperature も使える。
　　ちなみに、「熱を測る」は take one's temperature と言う。

I have a slight cough and a (s　　) throat.

You have a (s　　) on your elbow.

My kid always seems to have a (r　　) nose.

Don't pull that scab off. You'll have a (s　　).

He had a bad (b　　) on his back.

← make a nice change「いい変化を作る」で「いい気分転換
　　になる」を表現。

She'll make a good (a　　).

I'm sure those two will make a nice (c　　).

That place will make a wonderful (s　　) resort.

This toy will make a nice (s　　) for a child.

This should make a (g　　) dinner.

● **have 以外の動詞を使った例**

I got a charley horse in my leg.「足がつっちゃった」

I pulled a muscle in my right thigh.「右太腿が肉離れになっちゃった」

I raised a blood blister on my thumb.「親指に血豆ができちゃった」

● **have a touch / case of** も覚えておくと便利

I have a touch of a cold.「今日は風邪気味なんだ」

I have a bad case of hay fever.「花粉症がひどいんです」

GENERATE MORE!

G3-2

何かいい目印になりそうなものはありますか？
　　Is there anything that would **make a good landmark**?

この古いタオルは掃除用のぼろきれとして使える。
　　These old towels **make good cleaning rags**.

四匹と三匹、全部で犬が七匹だね。
　　Four plus three, that **makes seven dogs**.
　　　　　　　　　　　　　　＊make「(総数が) 〜になる」。

それについて聞いたのはこれで三度目だよ。
　　This **makes the third time** you've asked me about it.

have a 〜 で「痛み・体調・怪我・症状」などが表現できる。

I **have a slight cough** and **a sore throat**.

You **have a scrape** on your elbow.

*scrape「擦り傷、こすった跡」。

My kid always seems to **have a runny nose**.

*runny「鼻水の出る（形容詞）」。

Don't pull that scab off. You'll **have a scar**.

He **had a bad burn** on his back.

make a 〜 は「〜になる」という意味を表し、人以外も主語
になる。 make の後には複数形の名詞や他の名詞表現も可能。

She'll **make a good actress**.

I'm sure those two will **make a nice couple**.

That place will **make a wonderful spa resort**.

This toy will **make a nice souvenir** for a child.

*souvenir の代わりに gift を使ってもいい。

This should **make a good dinner**.

*good「十分な（かなりの）量の」。

Why don't you **take a sip**?
　　一口飲んでみたら？

一通り見てから決めたら。

そろそろ休憩にしようか。

深呼吸して、落ち着けよ。

それでは、決を採りましょう。

思い切ってやってみる勇気がない。

What**'s cooking**?
　　調子はどう？

お湯が沸いた。

商売繁盛だな。

このフィットネスクラブも人が増えてきたね。

洗濯物はすべて外に干してある。

報告書はどのくらい書けてる？

⇐ take a sip「一口飲む（すする）」。「一口食べる」は take a bite、「味見する」は take a taste と言う。

Take a (l   ) around before you decide.

It's about time to take a (b   ).

Take a deep (b   ) and take it easy.

All right, then. Let's take a (v   ).

I don't have the courage to take a (r   ).

⇐ かなり砕けた挨拶表現。cooking は happening の意味。この質問に対する返事は Nothing much. / Not much.「まあまあ（特に何も）」などでいいだろう。

The water is (b   ).

Business is (b   ).

This fitness club is (g   ).

All my laundry is (h   ) outside.

How's your report (p   )?

G3-3

記念にみんなで写真を撮ろう。
Let's **take a group photo** for memory's sake.

日帰りでどこかに行かないか？
How about **taking a day trip** somewhere?

温泉に入りたい気分だね。
I feel like **taking a dip** in a hot spring.
＊take a dip は「ひと泳ぎする」という意味にもなる。

今朝、株価が暴落した。
Share prices **took a nosedive** this morning.
＊nosedive「急降下（鼻から飛び込む）」。

G3-4

ぎっくり腰が治りかけなんだ。
My strained back **is** still **recovering**.

交渉が行き詰まっている。
The negotiations **are stalling**.
＊stall は「エンストする」の意味も表す。

掃除機がなかなか吸わないようだ。
The vacuum cleaner seems to **be laboring**.
＊labor「苦労する」⇨「なかなか吸わない」。

ノリの悪い（ロック）コンサートだった。
The concert **wasn't rocking**.

take は、動作を表わす名詞を目的語として、(1回限りの) 目標を持った行為、意図的な動作を表現する。

Take a look around before you decide.

It's about time to **take a break**.

Take a deep breath and take it easy.

All right, then. Let's **take a vote**.

＊vote は動詞としても使える。Let's vote.

I don't have the courage to **take a risk**.

＊take a risk「危険を冒す」。

身近な事柄・出来事などを英語で表現するために自動詞進行形は欠かせない。

The water **is boiling**.

Business **is booming**.

This fitness club **is growing**.

All my laundry **is hanging** outside.

How**'s** your report **progressing**?

＊progréss (動詞)。アクセントの位置に注意。

51

G3-5   I'm getting ～

I'm getting nervous.
　　緊張してきた。

不安になってきた。

慣れてきた。

肩が凝ってきた。

俄然やる気が出てきたぞ！

運動不足だな。

G3-6   while ～ing

Stay focused **while practicing**!
　　練習中は集中！

仕事中はいつでも安全第一。

歩きながらメールを打つな。

カレーを食べていたら汗びっしょりになった。

首を寝違えた。

お酒は楽しく飲むもの。

⇐「緊張する」は butterflies「蝶々」を使って、I'm getting butterflies in my stomach. とも言える。

I'm getting (u   ) about it.

I'm getting (u   ) to it.

I'm getting (s   ) shoulders.

I'm getting a rush of (m   )!

I'm not getting enough (e   ).

⇐ while practicing の間にある you're を省略。practicing の代わりに studying を使えば「勉強中は」の意味になる。

Always (p   ) safety first while working.

Don't (t   ) while walking.

I got (s   ) in sweat while eating curry.

I (t   ) my neck while sleeping.

We should enjoy (o   ) while drinking.

G3-5

疲れ目かな。

I wonder if **I'm getting** eyestrain.

調子が出てきたぞ。

Now **I'm getting** back into the swing of things.

＊swing「いつもの調子、リズム」。

こつがつかめてきたぞ。

I'm getting the hang of it.

＊hang の代わりに knack「こつ、要領」も使える。

彼らに話が通じているといいのだが。

I hope **I'm getting** through to them.

＊get through to ～「こちらの言いたいことが伝わる」。

G3-6

景色を満喫しながら歩くのは楽しい。

It's fun to walk **while enjoying the scenery**.

運転しながらスマホを使うのは違法である。

It's illegal to use your smartphone **while driving**.

寝ながら本を読むのは目によくない。

Reading **while lying down** is bad for your eyes.

サッカーをしていて股関節を脱臼した。

I dislocated my hip **while playing soccer**.

＊dislocate「脱臼させる」。

I'm getting の後に形容詞、あるいは、名詞（句）を続ける。
これで「〜してくる」が表現できる。

I'm getting uneasy about it.

I'm getting used to it.

I'm getting stiff shoulders.

I'm getting a rush of motivation!

＊rush「ほとばしり」。

I'm not **getting** enough exercise.

while 〜ing「〜している間」。〜ing（進行形）の前には主語
と be 動詞が省略されている。

Always put safety first **while working**.

Don't text **while walking**.

＊text（動詞）「携帯でメールを打つ」。

I got soaked in sweat **while eating curry**.

I twisted my neck **while sleeping**.

We should enjoy ourselves **while drinking**.

G3-7　　be being＋過去分詞

Special discounts **are being offered**.
特別割引中。

あのブランドってまだ販売されているの？

酸性雨で森林に被害が出ているそうだ。

この解説者、最近マスコミにたたかれてるよね。

彼の昇進が検討されている。

ただいま、生放送でお送りしております。

G3-8　　being＋形容詞

You**'re** not **being realistic**.
現実的じゃないよ。

今日はとっても優しいね。

彼は大人げないだけだ。

少しかしこまり過ぎだよ。

君の言い分は支離滅裂だよ。

怠けてないよ。自分のペースでやってるだけ。

⇐ 英文の文字通りの意味は「特別割引が（今現在）提供されている」。

Is that brand still being (s   )?

I hear that forests are being damaged by (a   ) rain.

This commentator is being (c   ) by the media lately.

He's being considered for a (p   ).

This program is being brought to you (l   ).

⇐ not being realistic とは、「今まさに現実的ではない意見を言っている／提案して いる」という意味。

You're being really (n   ) to me today.

He's just being (c   ).

You're being a little too (f   ).

You're not being (c   ).

I'm not being (l   ). I'm just pacing myself.

G3-7

その調査は我が国だけに限られたことではない。
　The investigation **is** not **being restricted** to our country.

あの大人気ゲームが映画化される。
　That hit game software title **is being made into a movie**.

商品パッケージの簡素化が進められています。
　Efforts **are being made** to simplify product packaging.

彼の正義感が問われている。
　His sense of justice **is being called into question**.
＊question の前に a, the は不要。

G3-8

懐かしがっているだけなのかな。
　Maybe I**'m** just **being nostalgic**.
＊nostalgic「昔を懐かしむ」。

嫌みのつもり？
　Are you **being sarcastic**?
＊sarcastic「嫌みを言う、皮肉な」。

今日はどうしてそんなに聞き分けがないの？
　Why **are** you **being** so **unreasonable** today?

生意気な言い方をしてすみません。
　I'm sorry if I**'m being impertinent**.
＊impertinent「生意気な、偉そうな」。

受け身の進行形「be being + 過去分詞」。
意外に頻繁に用いられる。

Is that brand still **being sold**?

I hear that forests **are being damaged** by acid rain.

This commentator **is being criticized** by the media lately.
＊「こてんぱんに」は criticized の後に severely を付け足す。

He**'s being considered** for a promotion.

This program **is being brought** to you live.
＊live の発音は [láiv]。

形容詞の前に being を使い、その状態が今起きている（進行
している）点を強調している。

You**'re being** really **nice** to me today.

He**'s** just **being childish**.

You**'re being** a little too **formal**.

You**'re** not **being coherent**.
＊not を使わずに being incoherent とも言える。

I**'m** not **being lazy**. I'm just pacing myself.

a matter of 〜

Luck is **a matter of ability**.
運も実力のうち。

たかが歯痛だろう。生きるか死ぬかの問題じゃない。

大統領の辞任はまさに時間の問題である。

それは慣れの問題だよ。

それは単に集中力の問題だよ。

何を食べるかは個人の勝手だろう。

sense of 〜

I have no **sense of direction**.
僕は方向音痴なんだ。

彼はリズム感がまったくない。

僕にはお洒落のセンスがないのかもね。

金銭感覚がまったくないね。

君の責任感はどこに行ったんだ？

気付いたら時間が過ぎていた。

⇐「幸運は能力の問題である」。これを「運も実力のうち」と意訳している。

It's just a toothache — not a matter of life and (d   ).

The president's resignation is just a matter of (t   ).

It's a matter of (g   ) used to it.

It's just a matter of (c   ).

What you eat is a matter of personal (c   ).

⇐ have no sense of direction「方向、方角のセンスがない」で「方向音痴」を表現。I have a terrible sense of direction. とも言える。

He has no sense of (r   ) at all.

I guess I have no sense of (s   ).

You have no sense of (m   ) at all.

Where's your sense of (r   )?

I (l   ) all sense of time passing.

G3-9

それが礼儀だとは思いませんか？
　Don't you think it's **a matter of courtesy**?

今はこの機能がスマホでは当たり前だ。
　This function is now **a matter of course** for smartphones.
＊a matter of course「当たり前、当然」。

実は、今回が初めてなんです。
　This is my first time, **as a matter of fact**.
＊as a matter of fact「実を言うと」。

彼はわずか数分で申し込み書に記入した。
　He filled out the application in **a matter of minutes**.
＊a matter of ～ は「わずか～だけ」という意味にもなる。

G3-10

彼女はとても鋭い味覚の持ち主である。
　She has **a** very acute **sense of taste**.
＊冠詞の a を付け忘れないように。

君は正義感が強いね。
　You have **a** strong **sense of justice**.

猫は強い自我を持っている。
　Cats have **a** strong **sense of self**.

彼はリーダーとしての自覚が出てきた。
　He's developed **a sense of himself** as a leader.
＊develop「発達させる、成長させる」。

a matter of 〜 「〜の問題」。名詞表現と組み合わせてさまざまな意味を表す。

It's just a toothache — not **a matter of life and death**.

The president's resignation is just **a matter of time**.

It's **a matter of getting used to it**.

It's just **a matter of concentration**.

What you eat is **a matter of personal choice**.

sense of 〜 「〜のセンス、感覚」。動詞・名詞表現と組み合わせて応用できる。

He has no **sense of rhythm** at all.

I guess I have no **sense of style**.

You have no **sense of money** at all.

Where's your **sense of responsibility**?

I lost all **sense of time passing**.

It's good で「嬉しい・いいね」

「〜して嬉しい」は **I'm happy / glad to** 〜 だけ ではなく、**It's good to** 〜 でも表現できる。初対面 なら **It's good to meet you.**「会えて嬉しいです」。
good の代わりに **nice** や **great**「素晴らしい、最 高である」も使える。また、**It's good / nice / great to** 〜 はコメントする場合にも便利な言い回し。穴埋 め（動詞）をしながら使い方をチェック！

① たまにはのんびりするのもいいね。
It's good to (r   ) once in a while.

② 行き当たりばったりの旅もいいね。
It's good to (t   ) without a plan.

③ 時々自転車に乗るのもいいね。
It's good to (r   ) a bicycle now and then.

④ ふかふかの布団で寝るのは気持ちがいいね。
It's nice to (s   ) on a well-aired futon.

⑤ 両手に花でいいね。
It's nice to (h   ) a pretty girl on each arm.

⑥ 郊外に住むのもいいね。
It's nice to (l   ) in the suburbs.

⑦ ペットを飼うのもいいんじゃないかな？
Wouldn't it be nice to (k   ) a pet?
＊仮定の話。「飼えたらいいのにな」という願望が含まれている。

⑧ 野球の試合を生で観戦するのは最高だね。
It's great to (w   ) a baseball game live.

《解答》① relax ② travel ③ ride ④ sleep ⑤ have ⑥ live ⑦ keep
⑧ watch

PART 4

英語程度表現

I'm not **much of** a jazz fan.
　　ジャズはあまり聞かないな。

メールはあまり使わない。

あまり食欲がない。

釣りはよくする？

そんなに急いでいるわけではない。

とても偶然とは思えない。

It's **more of** a mist than a rain.
　　雨というより霧（雨）だね。

それはスニーカーというよりサンダルみたいなもの。

これは計画というより空想だ。

あそこは家というよりは宮殿だよ。

彼の車は実用的なセダンというよりスポーツカーだね。

これはスクランブルエッグというよりオムレツだね。

← not much of a jazz fan「大したジャズファンではない」→「ジャズはあまり聞かない」。jazz を soccer にすると「サッカーはあまり見ない」。

I'm not much of an e-mail (u   ).

I don't have much of an (a   ).

Are you much of a (f   )?

It's not like we're in much of a (h   ).

That's too much of a (c   ).

← 英訳する際に順序を間違えないように。a mist が先、a rain が後に来る。

It's more of a sandal (t   ) than a sneaker.

This is more of a (p   ) dream than a plan.

That place is more of a (p   ) than a house.

His car is more of a sports car than a (p   ) sedan.

This is more of an omelette than (s   ) eggs.

67

G4-1

あいつは大した俳優じゃない。
　The guy's not **much of** an actor.

彼の歌声は大したことない。
　He doesn't have **much of** a singing voice.

最近、彼女をあまり見かけない。
　I don't see **much of** her these days.
　　　　　　＊「よく見かける」は I often see 〜 で表現。

今年のボーナスはあまり期待できない。
　I'm not expecting **much of** a bonus this year.

G4-2

彼は選手というよりコーチだ。
　He's **more of** a coach than a player.

彼女は政治家というより弁護士です。
　She's **more of** a lawyer than a politician.

これは自転車というよりオートバイだね。
　This is **more of** a motorcycle than a bicycle.

その映画は悲劇というより喜劇だった。
　The movie was **more of** a comedy than a tragedy.

程度を表す much of 〜 は否定文で用いられる場合が多い。

I'm not **much of** an e-mail user.

I don't have **much of** an appetite.

＊have a good appetite「食欲旺盛」。

Are you **much of** a fisherman?

＊fisherman「釣り人」。

It's not like we're in **much of** a hurry.

＊It's not like 〜「〜というわけではない」。

That's too **much of** a coincidence.

＊too much of 〜「あまりに〜過ぎる」。

more of A than B「B というよりはむしろ A である」。of の後には形容詞や副詞ではなく名詞表現が来る。

It's **more of** a sandal thing than a sneaker.

＊〜 thing「〜のようなもの」。

This is **more of** a pipe dream than a plan.

＊pipe dream「空想的な考え」。

That place is **more of** a palace than a house.

His car is **more of** a sports car than a practical sedan.

＊sedan [sidǽn] のアクセントの位置に注意。

This is **more of** an omelette than scrambled eggs.

69

Speaking English is **quite an** advantage.
英語が話せるのはかなりの強みだよ。

彼女は 12 歳にしては走るのがとても速い。

かつてはかなりジョギングをしていた。

今日の格好はとってもお洒落ですね。

きっとかなりがっかりしたんだろうな。

メニューの数がとても多い。

We're **way** behind schedule today.
今日は大幅に予定が遅れている。

ものすごくおしゃべりな人っているよね。

彼の言ったことはまったく的外れだ。

彼らの会話はチンプンカンプンだ。

奥の方まで行かないで。危険だから。

あの映画はとんでもなく長かった。

70

⇐ quite a(n) 〜 の語順に注意。リズムの関係で a quite よりも
　 quite a(n) の方が好まれる。

She's quite a（r　　）for a twelve-year-old.

I used to be quite a（j　　）.

That's quite a stylish（o　　）you have on today.

I'm sure it was quite a（d　　）.

The menu（o　　）quite a selection.

⇐ be way behind 〜 「〜が大幅に遅れている」。その逆「大幅
　 に早い、進んでいる」は behind の代わりに ahead of を使
　 う。

Some people talk way（t　　）much.

What he said is way（o　　）the mark.

Their conversation is way（o　　）my head.

Don't go way（o　　）there. It's dangerous.

That movie was way,（w　　）too long.

71

G4-3

彼はかなりの鉄道マニアだ。
　He's **quite a** railroad buff.

＊buff「〜通、愛好家」。

かなりの蔵書だね。
　That's **quite a** library you have there.

＊library を car に変えると「すごい車を持ってるね」。

きっと夕暮れ時は素晴らしい景色なんだろう。
　It must be **quite a** sight at sunset.

お祭りはかなりの人出だった。
　There was **quite a** turnout at the festival.

＊turnout「人出、参加者、出席者数」。

G4-4

彼女はあまりにプライドが高過ぎる。
　She has **way** too much pride.

このスパゲッティはひどいね。ゆで過ぎだよ。
　This spaghetti is awful. It's **way** overdone.

＊overdone「煮過ぎ、焼き過ぎ」。

このジェットコースターはものすごく怖そう。
　This roller coaster looks **way** too scary.

＊「ジェットコースター」は和製英語。

この株はどんどん上がるぞ。
　This stock is about to go **way, way** up.

「かなり、相当、とても」は quite でも表現できる。

She's **quite a** runner for a twelve-year-old.
＊twelve-year-old「12歳の子」は名詞。

I used to be **quite a** jogger.

That's **quite a** stylish outfit you have on today.

I'm sure it was **quite a** disappointment.
＊surprise を使えば「かなり驚いた」。

This menu offers **quite a** selection.

way「方法、道」は強調するための副詞としても使える。表す意味は「大幅に、はるかに、ずっと」など。

Some people talk **way** too much.

What he said is **way** off the mark.

Their conversation is **way** over my head.
＊over one's head「難し過ぎてわからない」。

Don't go **way** out there. It's dangerous.

That movie was **way**, **way** too long.
＊way を繰り返している点に注目。

I felt **kind of** silly, acting like that.
    あんなことをして、ちょっとみっともなかった。

この部屋は何だかむっとする。

それって何か真実味がない。

彼女ちょっとふさいでる。

この解決策って何か原始的だね。

出来上がりはそれなりに気に入ってる。

I **just about** died laughing.
    死ぬほど笑った。

このダイエットはどなたにでも効き目があります。

このジャケットは着回しが効く。

そろそろ失礼いたします。

これで今日のスピーチを終えることにいたします。

これでほぼ報告書は終わりだな。

⇐「ちょっとみっともない」を feel kind of silly「ちょっと決まりが悪い（愚かに思える）」で表現。

It's kind of (s   ) in this room.

That sounds kind of (u   ).

She's looking kind of (b   ).

This solution (s   ) kind of primitive.

I kind of like the (w   ) it turned out.

⇐ 英文の文字通りの意味は「笑って死にかけた」。これで「死ぬほど笑った」と言っている。

This diet will work for just about (a   ).

This jacket goes with just about (a   ).

It's just about (t   ) to be on my way.

That just about (w   ) up my speech today.

That just about (f   ) my report.

G4-5

今週末はちょっと忙しいんだ。
　I'm **kind of** busy this weekend.

ある意味で、彼がちょっと羨ましい。
　In a way, I **kind of** envy him.

何となくその通知が来るなってわかってたよ。
　I **kind of** knew the notice was coming.

それでちょっと学生時代を思い出したよ。
　That **kind of** reminded me of my school days.

G4-6

ほとんどどんなスポーツでも見るよ。
　I'll watch **just about** any sport.

ここにいる人のほとんどが彼の友達なんだ。
　Just about everybody here is a friend of his.

そろそろ行く準備はできてる？
　Are you **just about** ready to go?

そろそろバーゲンセールが始まる季節ね。
　It's **just about** bargain sale season.

a kind of 〜 は「一種の〜」だが、kind of は副詞として用いられ、「ちょっと、多少、なんだか」などの意味を表す。

It's **kind of** stuffy in this room.

＊stuffy「風通しの悪い」。

That sounds **kind of** unbelievable.

She's looking **kind of** blue.

This solution seems **kind of** primitive.

＊primitive「原始的な、昔ながらの」。

I **kind of** like the way it turned out.

＊turn out「〜の結果になる（出来上がり）」。

just about「ほとんど、およそ、もう少しで」は日常会話での使用頻度がかなり高い。

This diet will work for **just about** anybody.

This jacket goes with **just about** anything.

It's **just about** time to be on my way.

That **just about** wraps up my speech today.

That **just about** finishes my report.

＊finishes と現在形になっている点に注目。

G4-7   almost

It's **almost** time to go.
　　そろそろ行かないと。

人間業とは思えない。

父は無口だ。

高校時代、僕は遅刻の常習犯だった。

とても嬉しくて泣きそうになった。

鞄がパンパンではち切れそう。

G4-8   this, that（副詞）

I didn't know it was **this** late.
　　こんなに遅くなってたんだ。

こんなに複雑だと思わなかった。

今からではもうキャンセル料を取られる。

ここまで来たからには、今やめられない。

あんなにいい友達はいないよ。

TOEIC でそれくらい高得点が取れたらな。

⇐ It's almost time to ～「もう少しで～する時間」。これで「そ
　ろそろ～しないと」の意味になる。

It's almost (s　　).

My father almost (n　　) talks.

In high school I was almost never (o　　) time.

I was so happy I almost (c　　).

My bag is stuffed almost to (b　　).

⇐ this late で「こんなに遅い」、this early で「こんなに早い」。
　at night、in the morning と組み合わせて使える。

I had no idea it would be this (c　　).

You have to pay a fee to cancel this (l　　).

We've come this (f　　), so we can't stop now.

Friends that (g　　) are hard to come by.

I wish I could score that (h　　) on the TOEIC.

G4-7

めったに家の掃除をしない。

I **almost** never clean up the house.

トイレットペーパーがなくなりそうだ。

We're **almost** out of toilet paper.

何とか間に合った。遅れるところだった。

I made it, but just. I was **almost** late.

*but just「でもぎりぎり」。

惜しい！　入りそうだったのに（ゴルフ）。

So close! It **almost** went in.

G4-8

毎回会議がこんなに簡単に済めばいいのに。

I wish every meeting could be **this** easy.

ここでそんなに長く待ちたくない。

We don't want to wait here **that** long.

これほど大きな仕事を以前に扱ったことはないよね。

I don't think we've ever handled a job **this** big before.

こんな不景気な時に、転職は無理だろうな。

In an economy **this** bad, changing careers is not an option.

*not an option「選択肢にならない」⇨「無理」。

almost「ほとんど」は名詞、形容詞、動詞とを組み合わせて
さまざまな意味を表す。

It's **almost** superhuman.

My father **almost** never talks.

In high school I was **almost** never on time.
＊be almost never on time「ほとんど時間通りに来ない」。

I was so happy I **almost** cried.
＊「～しそう」も almost で表現できる。

My bag is stuffed **almost** to bursting.
＊be stuffed「ぎっしり詰め込まれている」。

代名詞 this と that は程度を表す副詞としても使える。意味は
「こんなに、そんなに」など。

I had no idea it would be **this** complicated.

You have to pay a fee to cancel **this** late.
＊英文がどのように和訳されているかに注目。

We've come **this** far, so we can't stop now.
＊come this far「こんなに遠くまで来る」。

Friends **that** good are hard to come by.
＊that good の位置に注目。come by「手に入る」。

I wish I could score **that** high on the TOEIC.

81

She likes to dress **on the flashy side**.
　彼女は派手めな服を着るのが好きだね。

試験はちょっと難しかった。

こっちのは少し値が張るね。

この薬は苦過ぎる。

そのニュースはかなり議論を呼びそうだ。

大事を取って、今日は寝ています。

Things **sure** have changed.
　確かに状況は変わった。

DVD を返しに行くの面倒臭いなー。

今日はガラガラだね。

あー、すっきりした。

本当に久しぶりだね。

彼らは腐れ縁なんだよ。

⇐ dress on the 〜 side と flashy「派手な、けばけばしい」を
組み合わせて「派手めな服を着る」の意味に。

The exam was a little on the (h   ) side.

This one here is a bit on the (p   ) side.

This medicine is too much on the (b   ) side.

The news is very much on the (c   ) side.

I'm staying in bed just to be on the (s   ) side.

⇐ have の前に sure. 語順に注意。これで「確かに (本当に) 〜
だ」と強調して言っている。

Returning DVDs sure is a (h   ).

There sure aren't (m   ) people here today.

Ahh ... it sure (f   ) good.

It sure has been a (w   ), hasn't it?

They sure have (s   ) together for a long time.

G4-9

このオレンジは少し酸っぱい。
　This orange is a little **on the sour side**.

このジャケット気に入ってるんだけど、少し小さい。
　I like this jacket, but it's a bit **on the small side**.

ここにある商品は安めだね。
　These items are **on the cheap side**.

あのスパゲティソースは少し辛かった。
　That spaghetti sauce was a bit **on the spicy side**.

G4-10

この中は本当に暑いよね。
　It **sure** is hot in here, isn't it?

今年はとても花粉が多い。
　There **sure** is a lot of pollen this year.
　　　　　　　　　　　　＊「花粉症」は hay fever.

よく喧嘩するけど、それでもやっぱり君が好き。
　You and I fight a lot, but I **sure** do like you.
　　　　　　　　　　＊sure と do 両方で like「好き」を強調。

とっても楽しいパーティーだったね。
　This **sure** has been a fun party, hasn't it?

「(どちらかと言えば) ～気味」は on the ～ side で表現できる。～には形容詞を使う。

The exam was a little **on the hard side**.

＊a bit と共に使う場合もある。

This one here is a bit **on the pricey side**.

＊pricey「値段が高い」は price の形容詞形。

This medicine is too much **on the bitter side**.

＊「～過ぎる」を too much で表現。

The news is very much **on the controversial side**.

＊「かなり～」を very much で表現。

I'm staying in bed just to be **on the safe side**.

＊to be on the safe side「念のために、大事を取って」。

形容詞 sure「確かな、きっと」には -ly をつけた副詞 surely があるが、砕けた会話の中では sure が副詞として頻繁に用いられる。

Returning DVDs **sure** is a hassle.

＊hassle「煩わしい、面倒」。

There **sure** aren't many people here today.

Ahh ... it **sure** feels good.

It **sure** has been a while, hasn't it?

＊a while「しばらくの間」。

They **sure** have stuck together for a long time.

＊stick together「いっしょにいる (くっつく)」。

　Things は日常会話で頻繁に用いられる言葉である。具体例をいくつか挙げてみよう。

それは君の思い過ごし。
　You're imagining things.

そういうものなんだよ。
　That's the way things are.

彼女はマイペースですから。
　She does things at her own pace.

僕はせっかちなんです。
　I tend to rush through things.

落ち着いて、気楽にやって。
　Calm down and take things easy.

きっとうまく行く。
　I'm sure things will turn out well.

彼は物事を割り切って考える。
　He sees things as black and white.

昔はこんなじゃなかったよね。
　Things aren't what they used to be.

世の中そんなに甘くない。
　Things aren't so easy in the real world.

無理強いしちゃだめ。
　Don't force things.

PART 5

英語否定表現

G5-1   That's no 〜

That's no way to act.
  それはないんじゃないの。

そんなの答えになってない。

そんなの驚かないよ。

それは不公平だ。

それでは問題は解決しない。

それは計画中止の言い訳にならない。

G5-2   This is no time to 〜

This is no time to panic.
  パニクってる場合じゃない。

ここでやめるわけにはいかない。

文句を言って何になる。

黙っていたらだめだ。

ここで言い訳をするなよ。

二の足を踏んでいる場合じゃない。

⇐ That's no way to act. 「そういう振る舞い方はない」で「それはない」の意味に。to 〜 のない言い回しも頻繁に使われる。

That's no (a   ).

That's no (s   ).

That's no (f   ).

That's no (w   ) to solve the problem.

That's no (e   ) to cancel the plan.

⇐ 「パニックに陥る、うろたえる」はそのまま panic (動詞) が使える。[参考] Don't panic. 「うろたえるな」。

This is no time to (q   ).

This is no time to (c   ).

This is no time to be (s   ).

This is no time to make an (e   ).

This is no time to be having (s   ) thoughts.

G5-1

そんなんじゃ仕事が片付かない。
That's no way to get the job done.

忙しいからって、練習をさぼるな。
Busy? **That's no** excuse to skip practice.

＊skip「抜く、さぼる」。

それは諦める理由にならない。
That's no reason to give up.

そんな理由で彼を仲間外れにするな。
That's no reason to leave him out.

＊leave out「除け者にする」。

G5-2

尻込みしちゃだめだよ。
This is no time to flinch.

＊flinch「尻込みする、ひるむ」。

今さら他の人の意見を批判してもね。
This is no time to criticize the opinions of others.

そんなことをしている場合じゃない。
This is no time to be doing that.

＊be doing 〜 と進行形にしている点に注目。

そんなお気楽なことを言っている場合じゃない。
This is no time to be talking so lightheartedly.

＊lightheartedly「気楽に、のんきに」。

That's no ～ で「それは（そんなのは）～ではない」を表現。
no の後にはさまざまな名詞・形容詞が来る。

That's no answer.

That's no surprise.

That's no fair.

That's no way to solve the problem.

That's no excuse to cancel the plan.

＊名詞 excuse [ɪkskjúːs] の発音に注意。

This is no time to ＋動詞が「（今は）～したらだめだ、～する
場合じゃない」に当たる言い回し。

This is no time to quit.

This is no time to complain.

This is no time to be silent.

This is no time to make an excuse.

This is no time to be having second thoughts.

＊have second thoughts「考え直す、__の足を踏む」。

91

There's no ～

There's no need to be so tense.
　　そんなに固くならないで。

そんなに深刻に受け止めなくてもいい。

その件につきましてはご安心ください。

やってしまったことを後悔しても仕方がない。

中途半端にやっても意味がない。

慌てることはない。

can't afford ～

We **can't afford** to give it anything but our best.
　　最善を尽くすしかない。

1日仕事を休むわけにはいかないよ。

今はのんびりする余裕などない。

今年は新入社員を採用する余裕はない。

締め切りに遅れるわけにはいかないよ。

その集まりに出席しないわけにはいかない。

⇐ tense「緊張した、張り詰めた」の代わりに、nervous や uptight なども使える。

There's no need to (t   ) it so seriously.

There's no need to (t   ) yourself about it.

There's no use (r   ) what you did.

There's no sense doing things (h   ).

There's no sense (r   ) things.

⇐ 和訳に注目。「それに最善以外の物を与える余裕はない」で「最善を尽くすしかない」と言っている。

I can't afford a day (o   ) work.

I can't afford to take it (e   ) now.

We can't afford to (h   ) new employees this year.

You can't afford not to (m   ) your deadline.

We can't afford not to (a   ) the gathering.

G5-3

靴は脱がなくてもいいですよ。
　There's no need to take your shoes off.

腹を立ててもしょうがない。
　There's no use getting angry.
　　　　　　　　　　　　　＊It's no use 〜ing とも言える。

文句を言っても仕方がない。
　There's no use complaining.

それについて考え過ぎても意味がないよ。
　There's no sense thinking too much about that.

G5-4

一日中ゴロゴロしているわけにはいかない。
　I **can't afford** to lie around all day.
　　　　　　＊lie around「(何もせず) ゴロゴロして過ごす」。

そんなに贅沢しちゃだめ。
　You **can't afford** to be so extravagant.
　　　　　　　　　　＊extravagant「浪費する、贅沢な」。

そんなの買えるわけがないでしょう。
　We **can't afford** something like that.

ここでこれ以上時間を無駄にする余裕はない。
　We **can't afford** to waste any more time here.

There's no need 〜 「〜の必要はない」。need「必要」は to
＋動詞のパターンになる。
use「役に立つこと」や sense「意味」の場合は 〜ing。

There's no need to take it so seriously.

There's no need to trouble yourself about it.

＊trouble oneself「気を揉む」の代わりに worry も使える。

There's no use regretting what you did.

There's no sense doing things halfway.

＊halfway「途中まで、不十分に」。

There's no sense rushing things.

＊rush「慌ててする」。

afford 〜 「〜する余裕がある」は can't と共によく用いられ
る。afford の後には to＋動詞や名詞表現が来る。

I **can't afford** a day off work.

＊to take a day off work とも言える。

I **can't afford** to take it easy now.

We **can't afford** to hire new employees this year.

You **can't afford** not to make your deadline.

＊can't と not to 〜 で二重否定になっている点に注目。

We **can't afford** not to attend the gathering.

can't help ～ing

I **can't help feeling** so sleepy.
    眠くて眠くて。

俺も歳だな。

ついちらちら見てしまう。

つい煙草を吸っちゃうんだ。

彼らの会話を思わず立ち聞きしちゃったんだ。

会議の間、あくびが出て仕方がなかった。

Don't give me ～

Don't give me that.
    いいかげんにしてくれよ。

もう面倒はごめんだ。

文句を言うのはやめてくれ。

もうお説教を言うのはよしてくれ。

そんな冷たい目で見るなよ。

そんな顔をしないでくれよ。

← can't help feeling so sleepy「とても眠くてどうしようもない」で「眠くて眠くて」を表現。

I can't help (g   ) old.

I can't help (g   ) at it.

I can't help (r   ) for a cigarette.

I couldn't help (o   ) their conversation.

I couldn't help (y   ) during the meeting.

← Don't give me that. で Give me a break.「勘弁してくれよ」と同じような意味になる。

Don't give me any more (t   ).

Don't give me any of your (c   ).

Don't give me any more of your (l   ).

Don't give me such a cold (s   ).

Don't give me that (l   ).

G5-5

どうしても夜食を食べちゃうんだよね。
   I **can't help having** a midnight snack.

その場面を見て思わず笑ってしまった。
   I **couldn't help laughing** at the scene.

それを聞いた時、思わず飛び上がった。
   I **couldn't help jumping** when I heard it.

ごめん、つい愚痴をこぼしちゃって。
   Sorry, I just **couldn't help griping**.
      ＊griping の代わりに complaining や grumbling も使える。

G5-6

アドバイスしなくていい。
   Don't give me any of your advice.

言い訳はいいから。
   Don't give me any of your excuses.

そんな見え透いたお世辞はよして。
   Don't give me that phony compliment.
                        ＊phony「不誠実な、インチキな」。

変な期待を持たせないでくれ。
   Don't give me any false hopes.

G5-5

can't help 〜ing で「〜するのはどうしようもない、どうしても〜してしまう」という意味になる。
can't help but＋動詞（原形）の表現パターンもある。
[参考] I can't help but feel so sleepy.

I **can't help getting** old.

I **can't help glancing** at it.

＊glance「ちらっと見る」。

I **can't help reaching** for a cigarette.

＊reach for 〜「〜に手を伸ばす」。

I **couldn't help overhearing** their conversation.

＊overhear「立ち聞きする、ふと耳にする」。

I **couldn't help yawning** during the meeting.

＊[参考] sneeze「くしゃみ」、hiccup「しゃっくり」。

G5-6

Don't give me 〜「〜しないでくれ、〜するのはやめてくれ」。
動詞に give を使っている。いかにも英語らしい。

Don't give me any more trouble.

＊否定文なので any を使う。

Don't give me any of your complaints.

Don't give me any more of your lectures.

＊lecture「講義、説教、小言」。

Don't give me such a cold stare.

＊a(n) cold / icy stare「冷たい視線（凝視）」。

Don't give me that look.

＊look「顔つき、表情」。

My car **won't** start.
　　車のエンジンがかからない。

このジャムの瓶を開けてくれる？　開かないのよ。

CD のトレイが出てこない。

パソコンがこの DVD を認識しない。

うちの猫は一瞬たりともじっとしていないの。

変だな。鍵が回らない。

Ready **or not**, here he comes.
　　いよいよ、彼の登場だ。

この会社の方じゃないんですか？

上達するかしないか。それはあなた次第。

冗談にしても、それはきつい一言だったね。

よれよれだって、それがお気に入りのシャツなの。

不景気がなんだよ、目一杯頑張ろうぜ！

⇐ doesn't ではなく won't を使って、何度やってもエンジンが
　　かからない状態を表現している。

Can you open this (j　　　) of jam? It won't open.

The CD tray won't (e　　).

The PC won't (r　　) this DVD.

Our cat won't sit (s　　) for a moment.

That's funny. The key won't (t　　).

⇐ (Whether you're) Ready or not「準備ができていようがい
　　まいが」で「いよいよ」を表現。

Do you (w　　) for this company or not?

(I　　) or not. It depends on you.

(J　　) or not, that was a harsh thing to say.

(S　　) or not, it's my favorite shirt.

(R　　) or not, we're going full speed ahead!

G5-7

このペンはまだインクがあるのに書けない。
　This pen still has ink, but it **won't** write.

どうしてプリンターが印刷しないのかな。
　I wonder why the printer **won't** print.

トイレの水が止まらない。
　The water in the toilet **won't** stop running.
　　　　＊「水が出ない」は The toilet won't flush. と言う。

体がついてこないんだよね。
　My body just **won't** follow through.
　　　　＊follow through「（最後まで）やり通す」。

G5-8

それがいいことなのかどうかわからない。
　I don't know if it's a good thing **or not**.
　　　　＊if の代わりに whether も使える。

彼女と結婚する気はあるのか？
　Are you going to marry her **or not**?

色がピンクだろうが、いい車はいい。
　Pink **or not**, that's a great car.

どんなに眠くても、勉強しなくちゃ。
　Sleepy **or not**, I've got to start studying.

G5-7

won't (will not) のもう一つの意味。それは人以外を主語にして「どうしても～しようとしない」。

Can you open this jar of jam? It **won't** open.

The CD tray **won't** eject.

＊eject「(CD、DVD などが) 出てくる」。

The PC **won't** recognize this DVD.

Our cat **won't** sit still for a moment.

That's funny. The key **won't** turn.

G5-8

～ or not は whether や if との組み合わせだけではなく、単独でも使え、思っている以上に応用が利く。

Do you work for this company **or not**?

Improve **or not**. It depends on you.

＊動詞 + or not の組み合わせになっている。

Joke **or not**, that was a harsh thing to say.

Shabby **or not**, it's my favorite shirt.

＊shabby「ぼろぼろの、みすぼらしい」。

Recession **or not**, we're going full speed ahead!

＊full speed ahead「全速力で」。

否定文 (否定語) + until

The last train is**n't until** 12:30.
　　最終電車は 12 時 30 分です。

3 時に戻ります。

写真は明日できるわ。

来週になったらわかるよ。

レポートの締め切りは来週だよね。

彼は今日初めてゴルフクラブを握ったんだ。

G5-10 **have yet to**

This **has yet to** be confirmed.
　　これは未確認情報です。

冬はこれからが本番だよ。

その事実はまだ公表されていない。

彼らから私の提案に対する反応がまだない。

投資してどれくらい利益が上がるかはまだわからない。

まだ上から最終的な承認をもらっていない。

⇐ 〜 isn't until 12:30「12 時 30 分までない」で最終電車の出
　 発時間を伝えている。

I won't be (b　　) until three.

The photos won't be (r　　) until tomorrow.

We won't (f　　) out until next week.

Your paper isn't (d　　) until next week.

He's never (h　　) a golf club until today.

⇐ have yet to be confirmed「まだ確認されていない」。つま
　 り、「未確認情報」。

Winter has yet to really (s　　) in.

The fact has yet to be (a　　).

They have yet to (r　　) to my proposal.

We have yet to see any (p　　) from the investment.

It has yet to get final (a　　) from management.

G5-9

いい、クリスマスに開けるのよ（プレゼント）。

Be sure you do**n't** open it **until** Christmas.

冷めたら飲むよ（猫舌）。

I ca**n't** drink it **until** it cools down.

＊［参考］I can't stand eating anything hot.「猫舌」。

全部食べたらデザートね。

No dessert **until** you eat it all.

＊No の前に You'll have を補って考える。

やったらわかるよ。

You'll **never** understand **until** you try it.

＊never で否定の意味をさらに強調。

G5-10

この冬、まだ風邪を引いていない。

I **have yet to** catch a cold this winter.

まだ彼女から便りがない。

I **have yet to** hear from her.

彼は時間通りに終えた試しがない。

I **have yet to** see him finish on time.

＊see ＋目的語＋動詞原形（finish）。

この件に関してはまだ返信がない。

I **have yet to** receive a reply on this matter.

否定文 (否定語) の後に until を続けると「…まで〜ない／…に初めて〜する」という意味になる。

I wo**n't** be back **until** three.

The photos wo**n't** be ready **until** tomorrow.

We wo**n't** find out **until** next week.

Your paper is**n't** due **until** next week.

＊due「期日が来て」⇨「締め切り」。

He's **never** held a golf club **until** today.

＊never 〜 until today「今日初めて〜した」。

have yet to 〜「まだ〜していない」は文脈によりさまざまな意味を表す。

Winter **has yet to** really settle in.

＊settle in「(新しい場所に) 落ち着く」⇨「到来」。

The fact **has yet to** be announced.

They **have yet to** respond to my proposal.

We **have yet to** see any profits from the investment.

It **has yet to** get final approval from management.

＊management「経営陣、経営者側」。

　言葉に詰まった時のつなぎの言葉。それがコミュニケーター（**communicators**）。覚えておくと重宝する代表的な言い回しを紹介しよう。

えーと…。
　Um ... / Well a ... / I mean a ... / Let me see ...
ちょっと待って。
　Just a sec(ond). / Hold on.
もう一度言って。
　Pardon (me)? / I beg your pardon?
すみませんがもう一度。
　Sorry?
言葉が出てこない。
　It's on the tip of my tongue.
相応しい言葉が出てこない。
　I can't come up with the right expression.
直訳すると…。
　Translating it word for word, you get ...
簡単に言うと…。
　Simply put, ...
そういう意味ではないんです。
　I didn't mean it (to come out) that way.
基本的な質問になりますが…。
　This is a very basic question, but ...

PART 6

会話の基本表現

G6-1　Excuse 〜

Excuse me for interrupting.
　　邪魔をしてすみません。

くしゃみばかりしてすみません。

無礼な言い方になっていたらすみません。

すみません。通してください。

欠席して失礼しました。

英語が下手なんですよ。

G6-2　Sorry if 〜

Sorry if that wasn't clear.
　　わかりにくかったらすみません。

そう思われたのなら申し訳ない。

勘違いしていたらすみません。

怒らせたのならごめんなさい。

ぶっきらぼうに聞こえたらごめん。

がっかりさせたのならすみません。

⇐ Excuse me for の後に動詞を続ける場合は 〜ing 形 (動名詞) にする。interrupt「(話や仕事の) 邪魔をする」。

Excuse me for (s   ) so much.

Excuse me (i   ) this sounds rude.

Excuse us. Please (l   ) us through.

Excuse my (a   ).

Excuse my (p   ) English.

⇐ that wasn't clear「明確ではなかった→わかりにくかった」。 clear の後に enough「十分に」を付け足してもいい。

Sorry if you (t   ) it that way.

Sorry if I (g   ) it wrong.

Sorry if I (m   ) you mad.

Sorry if I (s   ) gruff.

Sorry if I (l   ) you down.

111

G6-1

あくびをして悪いね。
Excuse me for yawning.
＊[参考] Yawns are contagious. 「あくびは伝染する」。

声がかすれてしまって。
Excuse my raspy voice.
＊[参考] Your voice sounds raspy. 「声がかすれてるね」。

息がニンニク臭くてすみません。
Excuse my garlic breath.

子供たちがうるさくしてごめんなさいね。
Please **excuse the kids** for being so noisy.
＊状況からわかる場合には excuse them.

G6-2

説明不足だったでしょうか。
Sorry if I didn't explain things right.

驚かせちゃってごめん。
Sorry if I scared you.
＊scare 「びっくりさせる、怖がらせる」。

ショックを受けたのならすみません。
Sorry if you were shocked.

知らせるのを忘れていたら申し訳ない。
Sorry if I forgot to let you know.

Excuse me.「失礼、すみません」は誰でも知っている。この
動詞 excuse「許す」は思っている以上に応用範囲が広い。

Excuse me for sneezing so much.
> ＊「咳をする」は cough, 「ゲップをする」は burp.

Excuse me if this sounds rude.

Excuse us. Please let us through.
> ＊me ではなく us (一人ではない) になっている点に注目。

Excuse my absence.
> ＊absence は absent の名詞形。

Excuse my poor English.

(I'm) Sorry. は謝罪する時に使う基本表現。Sorry for 〜, Sorry
(that) 〜 などのパターンがあるが、ここでは Sorry if 〜「も
し〜ならすみません (申し訳ない)」を取り上げる。

Sorry if you took it that way.

Sorry if I got it wrong.

Sorry if I made you mad.
> ＊mad の代わりに angry を使ってもいい。

Sorry if I sounded gruff.
> ＊gruff「ぶっきらぼうな、粗雑な」。

Sorry if I let you down.
> ＊let 〜 down「･〜を失望させる」。

I didn't **mean to** worry you.
　　君に心配をかけるつもりはなかったんだ。

君を怒らせるつもりはなかったんだ。

彼女の気持ちを傷つけるつもりはなかった。

彼らに迷惑をかけるつもりはなかった。

けちくさいことを言うつもりはない。

君の揚げ足を取るつもりはない。

I wonder how she's doing.
　　彼女は元気かな。

待ち時間はどのくらいだろう。

それってどういう意味なのかな。

いつ雨がやむのかな。

それってそんなに美味しいの。

どうして彼はまだ来てないんだろう。

114

⇐ 自動詞 worry は「悩む」、他動詞の場合は「悩ませる、心配させる」。

I didn't mean to (o   ) you.

I didn't mean to (h   ) her feelings.

I didn't mean to (c   ) them any trouble.

I don't mean to (s   ) stingy.

I don't mean to (f   ) fault with you.

⇐ I wonder の後には how, what, when などさまざまな疑問詞が使える。

I wonder how long the (w   ) will be.

I wonder what it (m   ).

I wonder when it'll (s   ) raining.

I wonder whether it's that (g   ).

I wonder why he hasn't (a   ) yet.

115

G6-3

君を侮辱するつもりはない。
　I don't **mean to** insult you.
　　　　　＊動詞 insult のアクセントは u, 名詞の場合は i.

彼の作品を批判するつもりはない。
　I don't **mean to** criticize his work.

愚痴をこぼすつもりはなかったんだ。
　I didn't **mean to** grumble.
　　　　　＊grumble の代わりに complain を使ってもいい。

口やかましく言うつもりはない。
　I don't **mean to** sound like a scold.
　　　　　＊scold「口やかましい人（特に女性）」。

G6-4

運賃はいくらかな。
　I wonder how much my fare is.
　　　　　＊fare「運賃、料金」。

座席はどこかな。
　I wonder where this seat is.

これとこれ、どっちがいいかな。
　I wonder which of these two is better.

あの背の高い女性は誰だろう。
　I wonder who that tall woman is.

この場合の mean to 〜 は「〜するつもりである、意図する」
という意味。

I didn't **mean to** offend you.

*offend「機嫌を損ねる」。

I didn't **mean to** hurt her feelings.

I didn't **mean to** cause them any trouble.

I don't **mean to** sound stingy.

*stingy「けちな、しみったれの（形容詞）」。

I don't **mean to** find fault with you.

*find fault with 〜「〜のあら探しをする」。

I wonder 〜 は日本語の「〜かな、〜だろう」に当たる言い
回し。

I wonder how long the wait will be.

*wait「待つ時間（名詞）」。

I wonder what it means.

I wonder when it'll stop raining.

I wonder whether it's that good.

*that は good を強調するための副詞。

I wonder why he hasn't arrived yet.

Here's an idea — let's go to Kyoto.
　　そうだ──京都に行こう。

これプレゼント。

これつまらないものですが。

1 週間分のお小遣い。

君の所からパーティー会場までの行き方だよ。

このようなシステムになっています。

Is there a transfer fee?
　　振り込み手数料はかかりますか？

歯磨き粉はまだ残ってる？

まだ洗濯物はある？

このパンフレットは有料ですか？

ご都合はいかがですか？

何かイベントでもやってるのかな？

⇐「そうだ」を Here's an idea. 「考えがある」で表現。idea の
　代わりに thought も使える。

Here's (y　　) present.

Here's a (l　　) something for you.

Here's your weekly (a　　).

Here's (h　　) to get to the party from your place.

Here's how it (w　　).

⇐ transfer を cancellation, overdue に入れ替えると「キャン
　セル料、延滞料」になる。

Is there any toothpaste (l　　)?

Is there still (m　　) to wash?

Is there a (c　　) for this pamphlet?

Is there a (t　　) that's good for you?

Is there some (k　　) of event going on?

G6-5

パスポートです（入国審査）。

　Here's my passport.

よろしければ、ナプキンお使いください。

　Here's a napkin if you'd like one.

　　　　　　　　　　　　　＊you'd は you would の短縮形。

あなたが欲しがっていたあのレシピ。

　Here's that recipe you wanted.

　　　　　　　　　　　＊recipe の後に that が略されている。

パスタ作りのヒントを教えるね。

　Here's a hint about making pasta.

G6-6

冷蔵庫に何かあるかな？

　Is there anything in the fridge?

今日は花粉が多い？

　Is there much pollen today?

　　　　　　　＊pollen「花粉」。［参考］hay fever「花粉症」。

どこか行きたい所はある？

　Is there any place you'd like to go (to)?

　　　　　　　　　　　　　　　　　＊to は省略可能。

3人なんですけど（夕食）。待ちますか？

　Three for dinner. **Is there** a wait?

「これが〜です、はいどうぞ」と言いたい時に使うのが Here's 〜。

Here's your present.

*Here's a present for you. とも言える。

Here's a little something for you.

*a little something の語順に注目！

Here's your weekly allowance.

*allowance [əláuəns] の発音に注意。

Here's how to get to the party from your place.

Here's how it works.

*how it works「仕組みになっている」。

「〜はある（ありますか）?」と聞く時には、Is there 〜? を使う。

Is there any toothpaste left?

Is there still more to wash?

Is there a charge for this pamphlet?

*charge「料金、費用」。

Is there a time that's good for you?

*good の代わりに convenient も使える。

Is there some kind of event going on?

121

G6-7 Why not ～

Why not look for it online?
　オンラインで探してみたら？

ウェブサイトを開設したら？

彼にアドバイスしてもらったら？

もっと前向きになったらどうなの？

もう少し頑張ってみたらどうだい？

窓を開けて、新鮮な空気を入れたら？

G6-8 Let me ～

Let me get off here.
　ここで降ろしてください。

私に観光案内をさせてください。

それの使い方を教えましょう。

私にやらせてください。

当ててみようか (推測させて)。

まだ話が終わってないんだけど。

⇐ Why don't you look for 〜? ⇨ Why not look for 〜? 「調べ
てみたら」は check it out と言う。

Why not (s　) up a website?

Why not (a　) him for advice?

Why not be more (p　)?

Why not (t　) just a little harder?

Why not open the window and (l　) some air in?

⇐「降りる」は get off, 「乗る」は get on. [参考] We're getting
off here. 「ここで降ります」/ Here's fine. 「ここでいいです
（降りる）」。

Let me (b　) your tour guide.

Let me (s　) you how to use it.

Let me (t　) care of it.

Let me (g　).

Let me (f　).

G6-7

今すぐ彼女に電話したら？
Why not call her right now?

辞めて別の仕事に就いたら？
Why not quit and get another job?

彼にもう一度チャンスを与えたら？
Why not give him another chance?

みんなで飲みに行かない？
Why not all go out for a drink?

G6-8

ちょっとアドバイスさせて。
Let me give you some advice.

はっきりさせておきたいんだ。
Let me make myself perfectly clear.

もっとよく見させて。
Let me take a closer look at it.
＊比較級 closer [klóusər] の発音に注意。

一晩考えさせてください。
Let me sleep on it.
＊sleep on 〜「〜を一晩寝て考える」。

Why don't you ～?「～したらどう？、～しないか？」は Why not＋動詞？ でも表現できる（くだけた言い方）。

Why not set up a website?

Why not ask him for advice?

Why not be more positive?

Why not try just a little harder?

Why not open the window and let some air in?
＊let in「入れる、通す」。

相手に「～させてください」と頼む時に使うのが Let me ～. me の後に来る動詞は原形（to なし）にする。

Let me be your tour guide.
＊be に注目！

Let me show you how to use it.

Let me take care of it.
＊take care of の代わりに handle も使える。

Let me guess.

Let me finish.
＊[参考] Let me finish my thought.「話の腰を折らないで」。

G6-9　though

It sure is odd, **though**.
　　確かに変だけどね。

あまり旅行してないな。したいんだけどね。

ちょっと残念でしたが。

もっとお金があればいいんだけどな。

彼の気持ちはわかるんだけどさ。

雨は降りそうにもないけどね。

G6-10　Thank you for 〜

Thank you for your time.
　　時間を割いてくれてありがとう。

手伝ってくれてありがとう。

心配してくれてありがとう。

褒めていただきありがとうございます。

道順を教えてくれてありがとう。

先日はありがとう。

⇐ 〜, though「〜だけどね」はコメントを付け足す時に使える
　便利表現。

I haven't traveled much. I'd (l　　) to, though.

It was a slight (l　　), though.

I (w　　) I had more money, though.

I understand why he (f　　) that way, though.

It doesn't (l　　) like rain, though.

⇐ Thank you の代わりに Thanks も使える（少しくだけた言い
　方）。強調する場合は、Thank you very much for 〜, Thanks
　a lot for 〜.

Thank you for your (h　　).

Thank you for your (c　　).

Thank you for your (c　　).

Thank you for the (d　　).

Thank you for the (o　　) day.

● **Thank you for** の後に動詞を続ける場合は ～**ing** 形 (動名詞) にする。

気づいてくれてありがとう。
　Thank you for noticing.

そう言ってくれてありがとう。
　Thank you for saying so.

案内してくれてありがとう。
　Thank you for showing us around.

● appreciate を用いて、**I appreciate your concern.** と言えば、「お気遣いいただきありがとうございます」という意味になる (より丁寧)。

君の頑張りには感謝している。
　I appreciate your hard work.

早速のご返信、誠にありがとうございます (メール)。
　Your prompt reply is very much **appreciated**.

車で迎えに来てくれたらありがたいんだけど。
　I'd appreciate it if you could come to pick me up.

この though は接続詞ではなく副詞。文頭ではなく、文末に
用いられている点に注目。

I haven't traveled much. I'd like to**, though**.

＊to の後には travel が略されている。

It was a slight letdown**, though**.

＊letdown「失望」の代わりに disappointment も使える。

I wish I had more money**, though**.

I understand why he feels that way**, though**.

It doesn't look like rain**, though**.

Thank you for ～ はお礼を言う時の基本パターン。

Thank you for your help.

Thank you for your concern.

＊concern「心配、懸念」。

Thank you for your compliment.

Thank you for the directions.

＊directions（複数形）「道順、指示、使用法」。

Thank you for the other day.

III　基本語やフレーズを極める

PART 7

広がる意味

G7-1　count

Take action when it **counts**.
　　ここぞと言う時に行動しよう。

その気持ちだけで充分です。

あなたの一票を無駄にしないで。投票を！

さっさと片づけてくれ、1秒でも早く。

彼はいつもここ一番の勝負所で得点する。

肝心なところで意見を言うべきだったね。

G7-2　shake

I can't **shake** this headache.
　　この頭痛がなかなか治らない。

それが頭から離れない。

どうしたらこの恐怖感を払拭できる？

お風呂に浸かって疲れを取ろう。

眠気覚ましにコーヒーでも飲もうかな。

こういう習慣を断ち切るのは難しい。

⇐ 自動詞 count「重要である、大切である」。when it counts
「重要な時」で「ここぞという時」を表現。

It's the (t   ) that counts.

Make your (v   ) count. (V   )!

Get it done quick — every (s   ) counts.

He always (s   ) when it counts.

You should've (s   ) up when it counted.

⇐ can't shake this headache「この頭痛が取り除けない」で
「頭痛が治らない」の意味になる。

I can't shake it off my (m   ).

How can I shake this sense of (f   )?

I'll sink into a bath to shake this (f   ).

Coffee might help me shake this (d   ).

These (h   ) are hard to shake.

G7-1

一日一日を大切に。
Every day **counts**.

君に何ができるかが重要なんだ。
It's what you can do that **counts**.

本番に弱いんだよ。
I'm no good when it really **counts**.
＊when it really counts「本当に重要な時」⇨「本番」。

最も重要なのは頑張り続けること。
What **counts** most is to keep trying.
＊to は省略できる。

G7-2

その夏風邪がなかなか治らないみたいだね。
You can't seem to **shake** that summer cold.

嫌な予感がして仕方がない。
I can't **shake** the bad feeling about it.

胸騒ぎがしてどうしようもない。
I can't **shake** this vague sense of unease.
＊vague sense of unease「漠然とした不安」。

彼とは高校時代からの腐れ縁でね。
I haven't been able to **shake** him since high school.
＊この場合の shake は「縁を切る」。

134

count の意味は「数える (他動詞)」だけではない。意外と知られていない自動詞の使い方もぜひ覚えてほしい。

It's the thought that **counts**.
>＊「その気持ちが大切」⇨「その気持ちで充分 (嬉しい)」。

Make your vote **count**. Vote!

Get it done quick — every second **counts**.

He always scores when it **counts**.

You should've spoken up when it **counted**.

shake「振る (他動詞)」は後に来る名詞表現により「取り除く、断ち切る、振り落とす」など日本語訳が変わる。

I can't **shake** it off my mind.

How can I **shake** this sense of fear?

I'll sink into a bath to **shake** this fatigue.

Coffee might help me **shake** this drowsiness.
>＊shake の前の to は省略される。

These habits are hard to **shake**.

G7-3　hurt

Ouch! The truth **hurts**.
　　うわっ！　そう言われるときつい。

こういう予想外の出費は本当に痛い。

そう言われると耳が痛いけど、否定できない。

(駄目もとで) もう一度やってみたらいいじゃないか。

失敗したってどうってことないよ。

ちょっとぐらい贅沢してかまわないよね。

G7-4　take care of

I'll **take care of** the check today.
　　今日は僕がおごるよ。

早く手を打った方がいい。

よろしければ、そのバッグをお預かりいたします。

今月の電話代は私が立て替えておく。

彼はてきぱきと仕事を片づけた。

早めに歯を治療してもらうべきだよ。

⇐ The truth hurts.「真実は痛い（文字通りの意味）」。これで「そう（本当のこと）言われるときつい」の意味になる。

These unexpected (e   ) really hurt.

It hurts to hear it, but I can't (d   ) it.

It can't hurt to (g   ) it another try.

It won't hurt if you (f   ).

A little (l   ) never hurts anybody.

⇐ take care of the check「勘定を処理する」で「おごる」の意味に。

The sooner you take care of it the (b   ).

I'll take care of those bags for you if you (l   ).

I'll take care of your phone (b   ) for this month.

He took care of the job without (w   ) any time.

You ought to (g   ) your tooth taken care of early.

137

G7-3

ビール1杯ならどうってことないだろう。
　I guess one beer won't **hurt**.
　　　　　　　　　＊否定文で「害にならない、かまわない」。

チョコを一つくらい食べたって平気よね。
　One piece of chocolate can't **hurt**.
　　　　　　　　　＊［参考］「ダイエット中」は I'm on a diet. と言う。

彼を見習っても損はないだろう。
　It couldn't **hurt** to learn from him.

これくらいは手伝ってくれたっていいんじゃないの。
　It won't **hurt** you to help me out this much.

G7-4

こちらに来られたら私がアテンドします。
　I'll be **taking care of** you if you're ever in town.

彼女はまめに庭の手入れをする。
　She **takes** meticulous **care of** her garden.
　　　　　　　　　＊meticulous「几帳面な」。

彼は自分の車をとても大切にしている。
　He **takes** good **care of** his car.

すべて手配済みです。
　Everything is **taken care of**.
　＊受け身の場合は一つの動詞と考えて be taken care of になる。

hurt「痛む（自動詞）、傷つける（他動詞）」は使われる文脈により意外（?）な意味を表す。

These unexpected expenses really **hurt**.

It **hurts** to hear it, but I can't deny it.

It can't **hurt** to give it another try.

It won't **hurt** if you fail.

A little luxury never **hurts** anybody.
＊never hurt anybody「決して誰も傷つけない」⇨「かまわない（問題ない）」。

take care of ～ は文脈により「世話をする、面倒を見る、処理する、手入れをする」などの意味を表す。

The sooner you **take care of** it the better.

I'll **take care of** those bags for you if you like.

I'll **take care of** your phone bill for this month.
＊この場合の take care of は「支払う」。

He **took care of** the job without wasting any time.
＊without wasting any time「時間を無駄にせずに」。

You ought to get your tooth **taken care of** early.
＊get と taken care of（受け身）の組み合わせに注目。

G7-5 welcome

You're **welcome** to use my car.
　　僕の車を使ってもいいよ。

正社員として迎え入れたいと思います。

彼の計画にみんな諸手を挙げて賛成した。

建設的な批判はいつでも歓迎します。

暑い夏に涼しい風が吹くといいよね。

ご自由にご覧ください。

G7-6 could use

I **could use** a beer with this.
　　これにビールがあるといいよね。

この企画書について彼にアドバイスしてほしいんだが。

何よりも今は休みがほしいね。

髭を剃って、髪も切った方がいいわね。

彼女にはもう少し心の支えが必要なようですね。

もう少し真剣な話し合いが必要だ。

⇐ be welcome to 〜 で「自由に〜していい（形容詞）」の意味
　　になる。

We'd like to welcome you as a (f　　) employee.

Everyone gave his plan a (b　　) welcome.

I always welcome (c　　) criticism.

Cool (b　　) are welcome in the hot summer.

You're welcome to (b　　).

⇐ could use a beer with this で「（できれば）これと一緒にビー
　　ルが飲みたい」と言っている。

I could use his advice on this (p　　).

What I could really use now is a (v　　).

You could use a (s　　) and a hair cut, too.

She looks like she could use some (m　　) support.

We could use a little more (s　　) discussion.

G7-5

ジョーンズ博士を温かくお迎えください。
　Please give a warm **welcome** to Dr. Jones.
　　　　　　　　　　　　　　　　＊welcome「歓迎 (名詞)」。

彼らは盛大な歓迎を受けた。
　They were given a red-carpet **welcome**.

見学者や初心者はいつでもどうぞ。
　Visitors and beginners are always **welcome**.

自由に使ってもらえる客間があるの。
　We have a guest room you're **welcome** to use.

G7-6

君も少し運動をした方がいい。
　You **could use** some exercise yourself.

君のプランは少し手直しが必要だね。
　I think your plan **could use** some changes.

このスープ、もう少し塩を入れた方がいい。
　This soup **could use** a little salt.
　　　　　　＊a pinch of 〜「一つまみ」も覚えておくといい。

この町にサッカーチームがあったらいいな。
　This town **could use** a soccer team.

welcome は動詞、形容詞、名詞、感嘆詞 (Welcome home! 「お帰りなさい！」) として使える。

We'd like to **welcome** you as a full employee.

Everyone gave his plan a big **welcome**.

＊a big welcome「大歓迎」⇨「諸手を挙げて歓迎」。

I always **welcome** constructive criticism.

Cool breezes are **welcome** in the hot summer.

You're **welcome** to browse.

＊browse「見て回る」。[参考] browser「閲覧ソフト」。

could use で「〜がほしい、〜があると嬉しい (ありがたい、助かる)、〜が必要である」などの意味を表す。

I **could use** his advice on this proposal.

What I **could** really **use** now is a vacation.

You **could use** a shave and a hair cut, too.

She looks like she **could use** some moral support.

＊moral support「精神的支援」。

We **could use** a little more serious discussion.

＊「突っ込んだ」と言いたければ deeper を使う。

143

I'll **skip** lunch today.
　　今日はお昼は抜きだな。

これがオンライン動画広告の飛ばし方。

どうして彼は飲み会に出なかったんだろう。

練習をさぼると英語力が落ちる。

リハーサルは抜きにして、ぶっつけ本番でいこう。

細かい話はいいから、結果だけ教えて。

This blouse is **beyond** cleaning.
　　このブラウスは洗濯しても汚れが落ちない。

彼は信じられないほどプライドが高い。

彼女は高嶺の花だ。

なぜ彼がそう言ったのか私にはわからない。

彼らの要求は途方もない。

彼は先が見通せない。

← skip breakfast / lunch / dinner「朝食・昼食・夕食を抜く」。冠詞 (a) は不要。

Here's how to skip online video (a   ).

I wonder why he skipped the (d   ) session.

Your English gets (r   ) if you skip practice.

Let's skip the rehearsal and (p   ) it by ear.

Skip the (d   ) and just let me know the results.

← beyond cleaning「洗濯を超えている」。これで「洗濯してもきれいにならない（汚れが落ちない）」と言っている。

His pride is beyond (b   ).

She's beyond our (r   ).

Why he said that is beyond (m   ).

Their demands are beyond all (r   ).

He can't see beyond his own (n   ).

和訳の○に一文字ずつ入れてみよう。

① The TV picture is skipping.

　テレビの映像が○○○いる。

② Thinking about him makes my heart skip a beat.

　彼のことを考えると胸が○○○とする。

③ Let's skip the formalities and get to the core issue.

　○○○は抜きにして、本題に入りましょう。

④ The hotel is just a hop, skip, and a jump from the station.

　駅から○○○の先にそのホテルはある。

① 乱れて：「映像が飛び跳ねている」⇨「乱れている」／② キュン：「胸がドキドキする（skip a beat）」⇨「胸がキュン」／③ 前置き：「形式（formalities）を飛ばす」⇨「前置きは抜き」／④ 目と鼻：「三段跳びで着く距離」⇨「目と鼻の先」

GENERATE MORE!

G7-8

彼女の彼に対する気持ちは友情を越えている。

　Her feelings for him go **beyond** friendship.

彼女は年齢以上に賢い。

　She's wise **beyond** her years.

その映画の結末は怖いなんてものじゃなかった。

　The ending of the movie was **beyond** scary.

＊この場合は beyond が副詞の働きをしている。

背中の痛みは言葉にならないほどだった。

　The pain in my back was **beyond** description.

自動詞 skip は「飛び跳ねる」の意味だが、他動詞として使う場合は「抜く、飛ばす、欠席する」などの意味を表す。

Here's how to **skip** online video ads.

I wonder why he **skipped** the drinking session.

Your English gets rusty if you **skip** practice.

＊get rusty「錆び付く」⇨「力が落ちる」。

Let's **skip** the rehearsal and play it by ear.

＊play it by ear「臨機応変に対処する」。

Skip the details and just let me know the results.

beyond「〜の向こうへ、〜を越えて、〜より優れて」は名詞や形容詞と組み合わせてさまざまな意味を表す。

His pride is **beyond** belief.

She's **beyond** our reach.

＊beyond one's reach「〜の手が届かない（存在）」。

Why he said that is **beyond** me.

Their demands are **beyond** all reason.

＊「あらゆる理屈を越えている」⇨「途方もない」。

He can't see **beyond** his own nose.

＊「鼻の先が見えない」⇨「先が見通せない」。

G7-9 off

The buttons are **off** by one buttonhole.
　　ボタンが一つずれてるよ。

このビルには一般の人は入れません。

ここにある商品は通常の半額になっています。

あの時計は 1 時間狂ってる。

天気予報がまたはずれたね。

映画は 2 時間で終わるべきだよね。

G7-10 as 〜 as

You're not **as young as** you used to be.
　　もう若くはないんだからさ。

君ほど太っ腹な人はめったにいないよ。

あんなに無礼な奴は見たことがない。

彼は言うほど肝が据わっていない。

彼女はいつものように言うことがきつい。

相変わらず謙虚だね。

⇐ be off by one buttonhole 「ボタンの穴が一つ（ずつ）ずれている」。buttons と複数形になっている点に注目。

This building is off (l   ) to the public.

These goods are (h   ) off the usual price.

That clock is off (b   ) an hour.

The weather forecast was off the (m   ) again.

Movies should be (o   ) and off in two hours.

⇐ not as young as you used to be 「かつてのようには若くない」。young を strong に変えると、「以前より体力が落ちた」の意味に。

People as (g   ) as you are few and far between.

I've never seen someone as (r   ) as he is.

He's not as (b   ) as he sounds.

She's as (b   ) as usual.

You're as (m   ) as always.

G7-9

子供たちは学校へ行った。
　The kids are **off** to school.

*「行ってきます」は I'm off. と言う。

今月、商売は今ひとつだね。
　Business is a little **off** this month.

*off「不況の」。

彼の言うことはいつも少しずれている。
　The things he says are always a little **off**.

この会話はオフレコということで。
　This conversation is **off** the record.

G7-10

このパンは実に味気ない。
　This bread is **as tasteless as** cardboard.

*cardboard「ボール紙」⇨「実質のないもの」。

今日は目が回るほど忙しい。
　We're **as busy as** a bee today.

*bee「蜂」の代わりに beaver「ビーバー」も使える。

眼鏡がないと全然見えないんだ。
　I'm **blind as** a bat without my glasses on.

*blind の前の as が省略されている。

彼は何があっても沈着冷静だ。
　He's **cool as** a cucumber whatever happens.

*calm, cool, and collected でも同じような意味になる。

off は使われる文脈により、「離れて、逸れて、ずれて、切れて」などの意味を表す。

This building is **off** limits to the public.

*be off limits to ～「～は立ち入り禁止」。

These goods are half **off** the usual price.

That clock is **off** by an hour.

The weather forecast was **off** the mark again.

*off / on the mark「はずれる / 当たる」。

Movies should be on and **off** in two hours.

as ～ as ...「…と同じくらい～」。ここでは形容詞を使った言い回しを取り上げる（慣用句も含む）。

People **as generous as** you are few and far between.

*few and far between「ごくまれである」。

I've never seen someone **as rude as** he is.

He's not **as brave as** he sounds.

*brave「勇敢な、大胆な」。

She's **as blunt as** usual.

*blunt「ぶっきらぼうな、そっけない」。

You're **as modest as** always.

ソフィスティケーターであなたの英語が変わる（**1**）

ソフィスティケーター（**sophisticators**）とは、英語に磨きをかけるためのコツ、発想の転換。⇨ の後の言い換えがその実例である。出だしに注目！

なるほどね。
I see. ⇨ That explains it.

久しぶり。
I haven't seen you for ages.
⇨ Long time no see.

ここが正念場だ！
This is the crucial moment!
⇨ Here comes the crucial moment!

私の趣味はガーデニングです。
My hobby is gardening.
⇨ Gardening is my main interest.

そんなに悲観することはない。
Don't be so pessimistic.
⇨ There's no need for pessimism.

僕は口が堅いからさ。
I'm good at keeping secrets.
⇨ Your secret is safe with me. / My lips are sealed.

今、名案を思いついた。
I just came up with a great idea.
⇨ A great idea just popped into my head.

PART 8

it を使いこなす

G8-1　It ＋ 自動詞

It's clearing up.
　晴れてきた。

曇ってきた。

暑くなってきた。

暖かくなってきた。

涼しくなってきた。

冷え込んできた。

G8-2　get it

I'm sure you'll **get it** right next time.
　きっと次はうまく行くさ。

（天気予報などが）また外れたんだね。

全部ビデオに収めておきたいんだよね。

さっさと終わらせちゃって。

今日は日曜日だと思い込んでいた。

取り替えないとだめだな。

154

⇐ clear「晴れた（形容詞）」は動詞としても使える。clear up
　「晴れ上がる、天気になる」。

It's (c　　) over.

It's (h　　) up.

It's (w　　) up.

It's (c　　) down.

It's (f　　).

⇐ get it right「それを正す（望み通りにする）」で「うまく行
　く」の意味になる。

I guess they got it (w　　) again.

I want to get it all (o　　) video.

Hurry up and get it (o　　) with.

I got it into my (h　　) that this was Sunday.

We have to get it (r　　).

G8-1

雨がぱらついている。
  It's sprinkling.

＊［参考］sprinkler「スプリンクラー」。

土砂降りだ。
  It's pouring.

＊It's pouring down. とも言う。

みぞれが降っている。
  It's sleeting.

強い風が吹いている。
  It's blowing hard.

G8-2

もう少し安くならない？
  Can't I **get it** a little cheaper?

違う！ その逆だよ。
  No way! You've **got it** backwards.

解決するとはとても思えない。
  I don't think we'll ever **get it** cleared up.

＊clear up「解決する、片づける」。

さっさと片づけて、帰ろう。
  Let's **get it** done quick and go home.

156

天気や気温（状態）は形容詞（sunny, cloudy, rainy, hot, cold
など）でも表せるが、変化を表現する場合は、It's＋自動詞進
行形を使う。

It's clouding over.

*cloud over「曇る（雲が空を覆う）」。

It's heating up.

*heat と up の組み合わせに注目。

It's warming up.

It's cooling down.

*ここでは down を使う。

It's freezing.

get it＋〜（形容詞、副詞、過去分詞など）で「ある状態を得
る」。使用頻度がとても高い言い回しの一つ。

I guess they **got it** wrong again.

I want to **get it** all on video.

Hurry up and **get it** over with.

*(be) over with「終えて、済んで」。

I **got it** into my head that this was Sunday.

We have to **get it** replaced.

We **made it** in plenty of time.
　　余裕で間に合ったね。

終電に間に合ったよ、ぎりぎりで。

彼女の英語力は上級者レベルになった。

彼女は最終面接まで行った。

彼は医学部に入った。

別の日でもいいですか？

I'll **keep it** open for you.
　　その日は空けておくよ。

今夜はほどほどにしておこう（お酒）。

少し静かにしてもらえますか？

お願い、僕の目に入らないようにして。

努力を続ければ結果はついてくる。

泣き寝入りしちゃだめ。

← make it + in plenty of time「十分な時間をもって→余裕で間に合う」。

I made it to the last train — but (j   ).

She made it to the (a   ) level in English.

She made it to the final (i   ).

He made it into (m   ) school.

Can we make it on (a   ) day?

← it は話題になっている日時。keep it open「空けておく（予定を入れない）」。

Let's keep it (l   ) tonight.

Could you keep it (d   ) a little?

Please, keep it out of my (s   ).

The results will follow if you keep it (u   ).

Don't just cry and keep it (i   ).

G8-3

どうやって家に着いたのかも覚えていない。
I don't even remember how I **made it** home.

ベルが鳴ると同時に教室に着いた。
I **made it** to class just as the bell rang.

パーティーには出られなかった。
I couldn't **make it** to the party.

君がいなかったら達成できなかったよ。
We couldn't have **made it** without you.

G8-4

もう 2、3 日借りててもいい？
Can I **keep it** for a few more days?

ファイルしておきます。
We'll **keep it** on file.

いつも肝に銘じておきます。
I always **keep it** in mind.

彼女に秘密にするように言われた。
She told me to **keep it** secret.

make it は文脈により「間に合う、着く、出席する、成功する、都合をつける」などの意味を表す。

I **made it** to the last train — but just.

*just「かろうじて」。

She **made it** to the advanced level in English.

She **made it** to the final interview.

*[参考] make it to the (semi) finals「(準) 決勝に進む」。

He **made it** into medical school.

*to ではなく into が使われている。

Can we **make it** on another day?

keep it ～「それを～の状態に保つ」。この意味が文脈により変化する。

Let's **keep it** light tonight.

*keep it light「軽めにしておく」⇨「ほどほどにする」。

Could you **keep it** down a little?

Please, **keep it** out of my sight.

*out of one's sight「～の見えない所に」。

The results will follow if you **keep it** up.

Don't just cry and **keep it** inside.

*keep it inside「胸に秘めておく」。

You need to **take it** easy sometimes.
時には息抜きも必要です。

家に持ち帰っていいですよ。

誤解しないでね。

まだゴミを出していないんでしょ。

取り返しのつかないことをしてしまった。

僕の言うことを信じて。

Just **let it** go!
放っておけばいい！

あまり気にするなよ。

失敗しても落ち込まないで。

時間があるなら、それを無駄にしないように。

うっかり忘れるところだった。

度が過ぎないようにすることが大切。

← take it easy 「のんびりする、気楽にやる」で「息抜きをする」を表現。

You're welcome to take it (h   ).

I hope you won't take it the (w   ) way.

I take it you haven't (p   ) out the trash yet.

It's too late to take it (b   ).

Take it (f   ) me.

← 大ヒットした映画の主題歌を思い起こすかもしれない。ここでは let it go 「そのまま行かせる」で「放っておく」という意味に。

Don't let it (b   ) you too much.

Don't let it get you (d   ) if you fail.

If you have time, don't let it (g   ) to waste.

I almost let it (s   ) my mind.

It's important not to let it go too (f   ).

G8-5

ほしかったら、持っていっていいよ。
　Go ahead and **take it** if you want it.

長時間はつらいな。
　I can't **take it** for too long.

もうがまんできない。
　I can't **take it** anymore.

いい機会だと思います。
　I'll **take it** as a good opportunity.

G8-6

もう1度、日向に干さなくちゃ。
　I have to **let it** hang out in the sun again.
　　　　　　　　　　　　　＊hang out「垂れ下がる」。

どこへ行ってもそれで私のことを思い出してね。
　Let it remind you of me wherever you go.

ここだけの話にしておいてくれ。
　Promise me you won't **let it** leave this room.
　　　　　＊「部屋から出ないようにする」⇨「ここだけの話」。

聞き流せばいいんだよ。
　Just **let it** go in one ear and out the other.
　　　　　　　　　　＊the other の後に ear を補って考える。

take it は「受け取る、持っていく、耐える、思う」など、使う文脈によりさまざまな意味を表す。

You're welcome to **take it** home.

I hope you won't **take it** the wrong way.

I **take it** you haven't put out the trash yet.
　　　　　　　＊I take it (that) 〜 「〜だと思う」。

It's too late to **take it** back.

　　　　　　　＊take it back「取り消す」。

Take it from me.

　　　　　＊You can take it from me. とも言う。

let の基本的な意味は「(自由に) 〜させる、させておく」。let it の後に動詞を続ける場合は原形 (to 不要) にする。

Don't **let it** bother you too much.

　　　　　　　＊bother「悩ます」。

Don't **let it** get you down if you fail.

If you have time, don't **let it** go to waste.

I almost **let it** slip my mind.

It's important not to **let it** go too far.

Why is it that my English doesn't improve?
　どうして英語が上達しないの？

どうして悪いことって続けて起こるんだろう？

どうして彼はあんなに仕事が大好きなんだ？

どうしてこんな制服を着なくてはいけないんですか？

どうしていつもそんなに楽観的なの？

どうして今日は時間が経つのが早いの？

It's not true love. **It's just** a crush.
　本当の愛じゃない。憧れているだけ。

(傘が) 壊れてるんじゃないよ。ちょっと曲がってるだけ。

お金がないわけじゃない。それにお金を使いたくない
だけ。

犬が嫌いなわけじゃない。ただ個人的には、猫派なの
よね。

行きたいのはやまやまなんだけど。先約があるから行
けないんだよ。

⇐ 語順に注目。my English doesn't improve と否定文のまま
　になっている。

Why is it that bad things (k　　) happening?

Why is it that he loves work so (m　　)?

Why is it that we have to wear these (u　　)?

Why is it that you're so (o　　) all the time?

Why is it that time seems to (p　　) quickly today?

⇐ not と just の組み合わせに注目。
　 crush「(一時的な) ほれこみ、のぼせ」。

It's not broken. It's just (b　　) a little.

It's not that I don't have enough money. It's just that
I don't want to spend my money (o　　) it.

It's not that I don't like dogs. It's just that personally,
I'm a cat (p　　).

It's not that I don't want to go. I really do. It's just that
I have another (a　　).

What も Who も使える！

● **Why is it that ～?** のパターンは **what** や **who** に
  も使える。まず **what** の例から。

何をしてほしいの僕たちに？
  What is it that you want us to do?

何が彼を決意させたのか？
  What is it that enabled him to decide?

何であの２人あんな風にくっついてるんだ？
  What is it that makes them stick together like
  that?

● 次に **about** を使ったパターン。

私のどこが好きなの？
  What is it about me that you like?

彼女は彼のどこが嫌なんだろう？
  What is it about him that turns her off?

● さらに **Who is it that ～?** の例文を二つ。

あの映画でピエロを演じたのは誰だっけ？
  Who is it that played the clown in that movie?

テーブルの上に食べかけのピザを置いたままにしたの
は誰？
  Who is it that left the half-eaten pizza out on the
  table?

G8-7

Why is it that 〜 を使うと、that の後に来る文を疑問文の語順にする必要がなくなる。

Why is it that bad things keep happening?

Why is it that he loves work so much?

Why is it that we have to wear these uniforms?

Why is it that you're so optimistic all the time?

*[参考] pessimistic「悲観的な」、realistic「現実的な」。

Why is it that time seems to pass quickly today?

G8-8

「〜じゃなくて、(ただ) 〜なだけ」と理由を説明する場合は、It's not 〜 + It's just 〜 を使う。

It's not broken. **It's just** bent a little.

It's not that I don't have enough money. **It's just** that I don't want to spend my money on it.

It's not that I don't like dogs. **It's just** that personally, I'm a cat person.

*a cat person ⇨ a person who likes cats

It's not that I don't want to go. I really do. **It's just** that I have another appointment.

*I really do.「本当に行きたい」⇨「行きたいのはやまやま」。

169

G8-9 〜, isn't it?

It's quite unlike you, **isn't it?**
　　全然君らしくないね。

妥協点はこのあたりだね。

とっても蒸し暑いでしょう。

試合は接戦になりそうですね。

ひどい天気になっていますね。

それって売り言葉に買い言葉だよね？

G8-10 〜 to it

There's a trick **to it**.
　　それにはこつがある。

それは奥が深いんだよ。

それはどうってことはない。

彼の演技には独特の味がある。

ここの家具はアンティーク風ですね。

このレストランは家庭的な雰囲気だね。

⇐ quite unlike 〜「〜とは似ても似つかない」。(ここでは人以
　　外の主語《単数形の名詞・代名詞》に対応した isn't it? のパ
　　ターンを取り上げる。)

This is our point of (c　　), isn't it?

It sure is hot and (h　　), isn't it?

The game is going to be a (c　　) one, isn't it?

This is some (n　　) weather we're having, isn't it?

That's just a tit-for-tat (r　　), isn't it?

⇐ この場合の trick の意味は「トリック、ごまかし」ではなく
　　「こつ、秘訣」。

There's a (l　　) to it.

There's (n　　) to it.

His acting has a peculiar (f　　) to it.

The furniture here has an antique (l　　) to it.

This restaurant has a homey (f　　) to it.

G8-9

世の中って本当に狭いよね。

　It really is a small world, **isn't it?**

これって懐かしい曲だね。

　This is an old popular song, **isn't it?**

それはまるで夢のようですね。

　That's like a dream come true, **isn't it?**

＊dream come true「夢が叶うこと（ひとまとまりで名詞として）」。

このお肉、味付けしていないんじゃない？

　This meat is unseasoned, **isn't it?**

＊イントネーションを上げて疑問文に。

G8-10

それには特別な意味はない。

　There's no special meaning **to it**.

君の車は格好いいよね。

　Your car has a nice appearance **to it**.

＊appearance「外見、見かけ」。

羊肉は癖がある。

　Mutton has a gamy taste **to it**.

＊gamy は game「（猟の）獲物（鳥獣）の肉」の形容詞形。

あのあたりは危ない感じがする。

　That area has a dangerous feel **to it**.

文末の isn't it?（付加疑問）に注目。念を押したり、同意を求める時にはイントネーションを下げる。上げると疑問文になる。

This is our point of compromise, **isn't it?**

*compromise「妥協、歩み寄り」。

It sure is hot and humid, isn't it?

The game is going to be a close one, **isn't it?**

*形容詞 close [klóus] の発音に注意。

This is some nasty weather we're having, **isn't it?**

That's just a tit-for-tat remark, **isn't it?**

*tit-for-tat「しっぺ返しの」。

日常会話でよく耳にする言い回し。There's 〜 to it.「それには〜がある」。have 〜 to it のパターンもよく使われる。

There's a lot **to it**.

*「それには多くの物がある」⇨「それは奥が深い」。

There's nothing **to it**.

His acting has a peculiar flavor **to it**.

The furniture here has an antique look **to it**.

This restaurant has a homey feel **to it**.

*名詞 feel「雰囲気」。

　さまざまな主語や文型に対応した動詞の使い方を身につけ、洗練された (**sophisticated**) 一段上の英語を目指そう。動詞に注目！

試しにやってみたら？
　Why don't you try it?
　⇨ It won't hurt to give it a try.

これは礼服着用のパーティーなのかい？
　Is this a formal dress party?
　⇨ Does this party require formal dress?

後で返品できますか？
　Can I return this later (if I don't like it)?
　⇨ Do you allow returns?

思ってることはちゃんと口に出して言わないと。
　You have to say what you're thinking.
　⇨ Just speak your mind.

（コピー機の）給紙トレーに紙が入ってない。
　There's no paper in the (paper) tray.
　⇨ The copier needs paper.

（光が）まぶしくて何も見えない。
　I can't see a thing with all this glare.
　⇨ The glare is making it impossible to see.

髭がないと若返るね。
　You look younger without a beard.
　⇨ A good shave can take years off your look.

PART 9

前置詞を使いこなす

G9-1 among

They are now **among** the top 8.
彼らは今ベスト 8 に残っている。

ここにある商品の中からどれか選んでください。

同僚間での人間関係はいろいろと面倒である。

大酒飲みには高血圧の人が多い。

中でもトムは大好きな俳優の一人です。

国民の政治不信がピークに達している。

G9-2 between

He's **between** jobs now.
彼は今失業中だ。

ここからそこまで駅はいくつありますか？

バッグがドアに挟まった。

彼と私では比較にならない。

彼は当落線上にいる（選挙）。

どうしても間食しちゃうんだよね。

⇐ among「〜の中にいる」で「残っている」を表現。

You can choose from among any of the (i   ) here.

Relationships among (c   ) involve a lot of hassles.

High blood pressure is common among (h   ) drinkers.

Tom, among (o   ), is one of my favorite actors.

Mistrust of politics among the (p   ) has reached a peak.

⇐「前の仕事と次の仕事との間 (between) にいる」→「失業中」
　という考え方。

How many (s   ) are there between here and there?

My bag got (s   ) between the doors.

There's no (c   ) between him and me.

He's on the (b   ) between winning and losing.

I can't help eating between (m   ).

G9-1

従業員の間で欲求不満が募り始めた。
Frustration **among** the employees began to build up.

高校生による薬物乱用が増加している。
Drug abuse **among** high school students is on the rise.

難聴はロックファンにとって深刻な問題である。
Hearing loss is a serious problem **among** rock fans.

彼らは費用を割り勘にした。
They decided to split the cost **among** them.

G9-2

10時から10時半の間に会いましょう。
I'll see you some time **between** ten and ten-thirty.

彼らの間に何があったんだろう。
I wonder what happened **between** them.

赤と白の違いもわからないくせに（ワイン）。
You don't know the difference **between** red and white.

私、すきっ歯なの。
I have gaps **between** my teeth.

among「(3人／3つ以上の) 間に」がどのように使われてい
るか、和訳をチェック。

You can choose from **among** any of the items here.

Relationships **among** coworkers involve a lot of hassles.

＊involve「含む、伴う」。

High blood pressure is common **among** heavy drinkers.

Tom, **among** others, is one of my favorite actors.

Mistrust of politics **among** the people has reached a
peak.

＊mistrust「不信感」。

between は二者間 (人、物、時間、場所など) の関係や状態
を表す。

How many stops are there **between** here and there?

My bag got stuck **between** the doors.

There's no comparison **between** him and me.

He's on the borderline **between** winning and losing.

I can't help eating **between** meals.

G9-3　for

She's mature **for** her age.
　　彼女はませている。

彼女は新人のくせにけっこう言うよね。

値段が安い割にはここの食べ物はまあまあだ。

君の車は高級車なのにとても燃費がいいんだね。

料金の割にはいいホテルだったね。

この橋は２車線にしては狭すぎる。

G9-4　with

Walk **with** your back straight.
　　背筋を伸ばして歩きなさい。

新しい靴を履いてきたんだ。

コンタクトをしたまま寝ない方がいい。

彼は尻尾を巻いて逃げた。

屋上にヘリポートがあるビルを見て。

足を少し開いて立って。

⇐ be mature for one's age「年の割には成熟している」で「ませている」の意味に。

She's pretty assertive for a (n   ).

The food here isn't bad for (s   ) a low price.

Your car is quite fuel-efficient for a (l   ) car.

For what they (c   ), the hotel wasn't bad.

This bridge is too narrow for two (l   ).

⇐ with を使って背筋の状態を後ろから説明している。

Here I am with my new shoes (o   ).

You shouldn't sleep with your contacts (i   ).

He ran off with his tail (b   ) his legs.

Look at the building with a heliport on (t   ).

Stand with your feet a little further (a   ).

G9-3

彼は 15 歳にしてはいいピッチャーだ。
　He's a good pitcher **for** a fifteen-year-old.

CEO の割には彼はとても腰が低い。
　For a CEO, he's very modest.

クリスマスにしてはかなり暖かい。
　It's pretty warm **for** Christmas.

この飛行機はジェットの割にはかなり遅いね。
　This plane flies pretty slow **for** a jet.

G9-4

ポケットに手を入れて歩かないで。
　Don't walk **with** your hands in your pockets.

彼は大の字になって寝ている。
　He's sleeping **with** his arms and legs spread out.

メガネが曇ってほとんど見えない。
　I can hardly see **with** my glasses fogging up.

うちの犬はよく目を半開きにして眠る。
　Our dog often sleeps **with** his eyes half-open.

for「〜の割に、〜にしては」は思っている以上に応用範囲が
広い。

She's pretty assertive **for** a newcomer.

The food here isn't bad **for** such a low price.

Your car is quite fuel-efficient **for** a luxury car.

For what they charge, the hotel wasn't bad.

This bridge is too narrow **for** two lanes.

「with 〜＋形容詞／副詞／前置詞／分詞」を使えば、さまざ
まな状態や状況を簡潔に表現できる。

Here I am **with** my new shoes on.

You shouldn't sleep **with** your contacts in.

He ran off **with** his tail between his legs.

Look at the building **with** a heliport on top.

Stand **with** your feet a little further apart.

G9-5 come with

Better English **comes with** practice.
　　練習すれば英語は上達する。

その電子メールには添付ファイルがついていた？

彼の申し出にはいろいろな条件がついていた。

その箱には「壊れ物」のステッカーがついていた。

あの車にはすべての付属品がついています。

パンかライスが選べます。

G9-6 go with

His voice doesn't **go with** his face.
　　彼って声と顔が一致しないよね。

最近調子はどう？

今回は注意で済ませましょう。

この企画の方針について説明させてください。

君の決定に従うよ。

今日のレッスンを始めましょう。

⇐ 〜 come with practice の文字通りの意味は「〜は練習と共
　にやってくる」。Better English を主語にしているところが
　いかにも英語らしい。

Did the e-mail come with an (a　　) file?

His offer came with lots of (s　　) attached.

The box came with a sticker that (s　　) "Fragile."

That car comes with all the (t　　).

It comes with (y　　) choice of bread or rice.

⇐ His voice を主語にして、go with「〜と一緒に行く」で「一
　致する、合う」を表現している。

How are (t　　) going with you these days?

I'm going to let you go with a (w　　) this time.

Let me explain (w　　) to go with this project.

We'll go with (w　　) you decide.

(H　　) we go with today's lesson.

G9-5

僕のゴールデン・レトリーバーは血統書付き。
My golden retriever **came with** a pedigree.

この食事にはコーヒーはつきません。
This meal doesn't **come with** coffee.

このシャツの長袖ありますか？
Does this shirt **come with** long sleeves?

権利には責任が伴う。
Rights **come with** responsibilities.

G9-6

そのネクタイ、あなたのスーツに合うね。
That tie **goes with** your suit.

この家具はこの部屋に合わない。
This furniture doesn't **go with** this room.

日本酒はどんな料理にも合うね。
Sake **goes with** any kind of food.

決めないと。これにするか、あれにするか？
Time to decide. Should I **go with** this or that?

無生物主語の使い方を覚えると、come with の応用範囲が広がる。

Did the e-mail **come with** an attachment file?

His offer **came with** lots of strings attached.

The box **came with** a sticker that said "Fragile."

That car **comes with** all the trimmings.

It **comes with** your choice of bread or rice.

go with も人だけでなく、無生物主語との組み合わせで表現の幅がさらに広がる。

How are things **going with** you these days?

I'm going to let you **go with** a warning this time.

Let me explain where to **go with** this project.

We'll **go with** whatever you decide.

Here we **go with** today's lesson.

IV さらに新たなる語彙へ

PART 10

使える語彙を増やす

G10-1　主語 + 自動詞（SV）①

My pants **tore** when I fell down.
　　転んだ時にズボンが破れた。

コーヒーカップが欠けた。

窓にひびが入った。

風船が（ぽんと）割れた。

セーターが縮んじゃった。

このＴシャツ色あせちゃった。

G10-2　主語 + 自動詞（SV）②

My throat **hurts**.
　　喉が痛い。

鼻がむずむずする。

脇の下がかゆい。

背中がひりひりする。

肌がちくちくする。

足がびりびりする。

⇐「破れた」を自動詞 tear の過去形で表現。「ビリっと破れた」は tore の代わりに ripped を使う。

The coffee cup (c   ).

The window (c   ).

The balloon (p   ).

The sweater has (s   ).

This T-shirt has (f   ).

⇐ hurt の他に ache（鈍痛）も自動詞として使える。例えば、「節々が痛む」は My joints ache. と言う。

My nose (t   ).

My armpits (i   ).

My back (b   ).

My skin (p   ).

My feet are (t   ).

G10-1

このタイヤは空気が漏れている。
　　This tire is **leaking**.

浴槽から水が溢れ出ている。
　　The bathtub is **overflowing**.

くしゃみや咳は出ますか？
　　Have you been **sneezing** or **coughing**?

しゃっくりが止まらない。
　　I can't stop **hiccupping**.

G10-2

耳鳴りがする。
　　My ears are **ringing**.

涙目になってるね。
　　Your eyes are **watering**.
　　　　＊「よだれが出てる」は My mouth is watering. と言う。

頬が引きつってるぞ。
　　Your cheeks are **twitching**.

鼻水が出てるよ。
　　Your nose is **running**.
　　　　　　　　　　　　＊run「（液体などが）流れる」。

身の回りの出来事を表現するときに欠かせないのが目的語不要の自動詞。

The coffee cup **chipped**.

＊［参考］tip「チップを渡す」の発音は [típ]。

The window **cracked**.

The balloon **popped**.

The sweater has **shrunk**.

＊shrunk は shrink の過去分詞形。

This T-shirt has **faded**.

痛みや痒みなどさまざまな症状は「主語 + 自動詞」で表現する。

My nose **tickles**.

＊tickle は「くすぐったい」という意味。

My armpits **itch**.

＊itch の形容詞形 itchy も頻繁に使われる。

My back **burns**.

My skin **prickles**.

My feet are **tingling**.

主語＋自動詞 (SV) ③

My heart **is pounding**.
　　胸がドキドキする。

膝がガクガクしている（笑っている）。

頭がクラクラする。

お腹がグーグー鳴っている。

蛍光灯がチカチカしている。

ステーキがジュージュー音を立てている。

G10-4 **名詞＋-y＝形容詞① (味や食感)**

This soup tastes **cheesy**.
　　このスープはチーズ風味だね。

このワインはコルクの味がする。

このパスタはニンニクの味がする。

このイチゴは少し水っぽいね。

このサラダドレッシングはあっさりしていておいしい。

このマグロの刺身は生臭い。

← 自動詞 pound「何度も強くたたく」で「ドキドキ」を表現。
My head is pounding. と言えば「頭がガンガンする」の意
味になる。

My knees are (s).

My head is (s).

My stomach is (g).

The fluorescent lamp is (f).

The steak is (s).

← cheesy (cheese + -y) の意味は「チーズ風味の、チーズのよ
うな」。

This wine tastes (c).

This pasta tastes (g).

These strawberries taste a bit (w).

This salad dressing is light and (t).

This sliced raw tuna smells (f).

GENERATE MORE!

G10-3

窓がガタガタいっている。
The windows are **rattling**.
＊［参考］rattlesnake「がらがら蛇」。

この扇風機はカタカタ音がする。
This fan is **clattering**.

このテーブルは少しグラグラするね。
This table **wobbles** a little.
＊「膝がガクガクする」は My knees are wobbling. とも言える。

車にワックスをかけてピッカピカにした。
I waxed my car until it **sparkled**.
＊sparkle「輝く、きらめく」。

G10-4

新鮮なピクルスはとてもコリコリしている。
Fresh pickles can be quite **crunchy**.

この肉はかたくて噛みごたえがある。
This meat is tough and **chewy**.

この豚汁は具が多いね。
This pork miso soup is **chunky**.
＊［参考］chunky-style peanut butter「粒々入りのピーナッツバター」。

彼はいつも脂っこい揚げ物を注文する。
He always orders **fatty** deep-fried foods.

日本語の擬音語・擬態語に当たる言い回しを英語では自動詞を使って表現する場合が多い。

My knees are **shaking**.

＊laughing は使えない！

My head is **spinning**.

My stomach is **growling**.

＊growl [grául] の発音に注意。

The fluorescent lamp is **flickering**.

The steak is **sizzling**.

「名詞 + -y = 形容詞」の代表的な例。salty「塩辛い」、sugary「甘い」、spicy「スパイスのきいた」、oily「脂っこい」。

This wine tastes **corky**.

This pasta tastes **garlicky**.

These strawberries taste a bit **watery**.

This salad dressing is light and **tasty**.

＊taste + y = tasty「おいしい (形容詞)」。

This sliced raw tuna smells **fishy**.

＊fishy には「怪しい、胡散臭い」という意味もある。

The sky stayed **cloudy** all day.
　　空は一日中曇っていた。

雪道の運転には気をつけて。

大荒れの天気になりそうだね。

最近、肌寒くなってきた。

今日はかなり風が強いな。

日に日に夏／冬らしくなるね。

I felt a little **feverish** in the morning.
　　朝、少し熱っぽかった。

わがままを言うなよ。

あの俳優にはどこか少年のような魅力がある。

彼女は髪を切って垢抜けたね。

そんな子供じみたことを言うのはよせ。

彼はあまり本を読まない。

← sun + -y = sunny, cloud + -y = cloudy で「晴れた」「曇った」
という意味の形容詞になる。

Be careful driving on a (s   ) road.

It looks like we're in for (s   ) weather.

It's gotten pretty (c   ) lately, hasn't it?

It's pretty (w   ) today.

It's getting (s   ) / (w   ) day by day.

← fever「熱」に -ish を付け足して形容詞に。意味は「熱っぽ
い、微熱のある」。

Don't be (s   ).

The actor has a certain (b   ) charm.

She looks more (s   ) since she cut her hair.

Stop saying such (c   ) things.

He's not a very (b   ) person.

G10-5

外はどんよりとして、霧雨が降っている。
　It's gray and **drizzly** outside.

暗い夜や霧が出ている時は怖いよね。
　It's scary when it's dark at night or **foggy**.

今年の梅雨は例年になく雨が少なかった。
　This year's **rainy** season was exceptionally dry.

これから先まだ凍えるように寒い日が続く。
　We still have many **frosty** cold days ahead of us.

G10-6

彼女は男っぽく見えるよね。
　She has a **mannish** look about her.

最近体の動きが鈍くて重く感じる。
　I feel **sluggish** and heavy lately.
　　　　　　　　　＊slug「なめくじ、のろま」。

それはとても嫌な経験だった。
　That was a **hellish** experience.
　　　　　　　　　＊hell「地獄」。

今振り返ってみると、ばかみたいだね。
　Looking back on it now, it seems so **foolish**.

天気・天候を表す「名詞＋-y（形容詞）」の例は枚挙にいとまがない。（例）breezy「そよ風の吹く」、sleety「みぞれの」、thundery「雷が来そうな」など。

Be careful driving on a **snowy** road.

It looks like we're in for **stormy** weather.

It's gotten pretty **chilly** lately, hasn't it?

It's pretty **windy** today.

It's getting **summery** / **wintry** day by day.

＊fally / autumny や springy とは言わない。

「〜っぽい、気味の」は -ish（接尾語）で表現できる。これは色にも使える。（例）whitish「白っぽい」、yellowish「黄色っぽい」。

Don't be **selfish**.

＊self「自分自身」＋ish →「自分本位の」。

The actor has a certain **boyish** charm.

She looks more **stylish** since she cut her hair.

Stop saying such **childish** things.

He's not a very **bookish** person.

＊bookish「読書（勉強）好きの」。

201

動詞 + **-able** = 形容詞（〜できる）

I think it's **doable**.
　　それはできると思います。

これって資源（再利用できる）ごみ？

この箱の中には壊れ物が入っています。

問題はあるけどまだ使えるよ。

信頼できる友人から聞いたんだ。

使い捨てのソフトコンタクトを使っている。

名詞 + **-wise** = 副詞（〜に関しては）

This car is a good deal **pricewise**.
　　この車はお買い得だよね。

あまり儲かってないね。

彼は歴史についてほとんど知らない。

彼女はコンピューターがかなり使える。

デザインの点では、これが一番いいと思う。

その旅行会社は対応がよくない。

⇐I can do it. を it's と do＋able「実行できる」を使って言い
　換えている。

Is this (r　　) trash?

This box has (b　　) things inside.

It's not perfect, but it's still (u　　).

I heard it from a (r　　) friend.

I use (d　　) soft contacts.

⇐ pricewise は副詞の働きをしている。意味は「価格に関して
　は」。

We don't do well (m　　).

He knows very little (h　　).

She's quite competent (c　　).

(D　　) I think this one is best.

(S　　) the travel agency isn't good.

G10-7

目標には到達可能。頑張ろう！
　Your goal is **reachable**. Go for it!

古い家だけど、住み心地がとてもいい。
　It's an old home, but quite **livable**.
　　　　　　　　　　　　　　＊livable「住みやすい」。

このスーツは手頃な値段だよね。
　This suit comes at an **affordable** price.
　　　　　　　　　　＊affordable「手頃な、手の届く」。

燃えるゴミと燃えないゴミを一緒にしないで。
　Don't mix **burnable** and **non-burnable** trash.

G10-8

時間的にはどう？
　How are we doing **timewise**?

売り上げでは、これが我が社のトップモデルです。
　Saleswise this is our company's top model.

衝撃という点で、ストはプラスの効果があった。
　The strike had a positive effect **shockwise**.

今日は予定が詰まってるんです。
　Things are tight for me today **schedulewise**.

動詞と -able を組み合わせると「～できる、～される」とい
う意味の形容詞になる。

Is this **recyclable** trash?

This box has **breakable** things inside.

It's not perfect, but it's still **usable**.

I heard it from a **reliable** friend.

I use **disposable** soft contacts.

名詞に -wise を付け足すと「～に関しては、～の点では（in
terms of ～)」という意味の副詞として使える。

We don't do well **moneywise**.

He knows very little **historywise**.

She's quite competent **computerwise**.

Designwise I think this one is best.

Servicewise the travel agency isn't good.

＊servicewise「サービス（客扱い）の面で」。

結びにかえて

　きっかけは doable だった。英語のネイティブ・スピーカーである知人に英文作成を依頼。彼は快く引き受けてくれたのだが、その時の返事は今でもはっきりと覚えている。I think it's doable.（本書 p. 202）。形容詞 doable を初めて耳にした時、筆者の頭の中で何かが閃いた。それは英語の新たな扉が開いた瞬間でもあったのだ。

　動詞 do に able を付け足し、「（実行）できる」という意味の形容詞に。believable「信じられる」、drinkable「飲める」、eatable「食べられる」ばかりではない。cookable「料理できる」、excusable「許される」、readable「読みやすい」、thinkable「考えられる」、walkable「歩いていける」など、表現例を挙げたらきりがない。また、語頭に un をつければ逆の意味にもなる。この「動詞＋able」のパターンを知っていれば、英語表現の幅が一気に広がる（pp. 202–205）。そう思った瞬間、スイッチオン。その時から応用できる表現（generators）探しが始まった。

　次のジェネレーターとの出会いは、映画のセリフの中に出てきた a water person「泳ぎが得意な人」。「a＋形容詞＋名詞」ではなく、「a＋名詞＋名詞」になっている点に注目。このパターンの使用頻度はとても高い。例えば、a dog / cat person「犬／猫好き」（pp. l66–l69）、a morning / night person「朝／夜型の人」、a Mac / Windows person「マック派／ウィンドウズ派」、a beer / sake person「ビール党／日本酒党」、a sushi person「寿司好きな人」、a people person「人付き合いのいい人」など。

　ジェネレーター探しはさらに続く。ある日、ふと思った。日常生活で当たり前のように使っている言葉を英語で表現しようとすると、お手上げ状態になるのはなぜか。例えば、「シャツの裾が

出てるよ」(p. 4)、「彼女は写真うつりがいい」(p. 12)、「面白い
のはまさにこれからだよ」(p. 16)。本書を読み終えた読者の皆さ
んならすぐに英語が出てくると思うのだが、すべて自動詞で表現
する。実は、日本人英語学習者の多くは自動詞 (S＋V) の使い方
に慣れていないのである。

　日常会話の中で頻繁に取り上げられる身近な話題と言えば天
気。It を主語にするのが天気表現の基本である。It's＋形容詞 (例：
sunny, cloudy, rainy) は使えても、It's＋自動詞 (進行形) となると
どうだろう。raining, snowing 以外には出てこない (pp. 154–157)？

　痛みや感覚表現も同様。It hurts. の他にも知っておくべき言い
回しはいくらでもある。「かゆい、むずむずする、ひりひりする、
ちくちくする、びりびりする」(pp. 190–193)。

　基本的な自動詞の使い方を知ると、英語がさらに面白くなるば
かりではなく、同時に英語の表現力アップにも繋がる。まさに一
石二鳥。本書の中で頻繁に自動詞の例文を取り上げている理由
はそこにある。

　ジェネレーターに関連するエピソードを書き始めたら、キー
ボードを叩く指が止まらなくなる。これくらいにしておこう。

　本書を使い英語の筋トレをした感想は？　いかにジェネレー
ターが英語を発信する上で役立つか、それを体感していただけ
たのではないだろうか。

　ジェネレーター探しは筆者のライフワークとなっている。また
別の機会に新たな表現パターンを披露できればと思う。

　最後になったが、本書執筆に際して、さまざまな角度から貴
重なアドバイスをしていただいた研究社の星野龍氏、青木奈都
美氏に、この場を借りてお礼を申し上げる。

岩　村　圭　南

索　引

© iMiki

◎著者略歴

岩村圭南 (いわむら・けいなん)

上智大学卒業後、ミシガン大学大学院留学、修士課程
終了 (M.A.)。英語教授法専攻。上智短期大学 (現上
智大学短期大学部) 助教授を経て、コンテンツ・クリ
エイターとして独立。

NHKラジオ第2放送で10年間にわたり「英会話レッ
スンピーク」、「徹底トレーニング英会話」、「英語5分
間トレーニング」の講師を担当。音読を基本にした
《英語の筋トレ指導》には定評がある。『英語をめぐる
冒険』(NHK出版)、『困った場面を切り抜ける 簡単
カタコト英会話』(マイナビ出版)、『20日間完成 オー
バーラッピングで音読する 絶対話せる！英文法』
(サンマーク出版)、『英語は書いて身につける』(アル
ク)、『改訂版 英語の正しい発音の仕方 (基礎編/リズ
ム・イントネーション編)』(研究社) など、著書多数。
ウェブサイト『日刊 英語の筋トレ』
https://book.mynavi.jp/english/

英語発信ジェネレーター
――瞬時に話して書くためのトレーニングブック

2020年7月31日　初版発行
2020年8月 7 日　2 刷発行

KENKYUSHA
〈検印廃止〉

著　　者　岩村圭南

発 行 者　吉田尚志

発 行 所　株式会社 研究社
　　　　　〒102-8152 東京都千代田区富士見2-11-3
　　　　　電話 営業：03-3288-7777 ㈹　編集：03-3288-7711 ㈹
　　　　　振替　00150-9-26710
　　　　　http://www.kenkyusha.co.jp/

印 刷 所　研究社印刷株式会社

Ⓒ Keinan Iwamura, 2020
ISBN978-4-327-45296-4 C1082　Printed in Japan

装丁：亀井昌彦　本文イラスト：鳥影遊花（株式会社 明昌堂）